Editionen für
Herausgeber

Heinrich von Kleist

›Der zerbrochne Krug‹

Ein Lustspiel

mit Materialien

Ausgewählt und eingeleitet
von Peter Haida

Ernst Klett Verlag

[ ] Vom Herausgeber eingesetzte Titel im Materialienteil ab Seite 77.

* Vom Herausgeber eingesetzte Fußnoten. Die Anmerkungen zu Kleist wurden teilweise der Ausgabe von Sembdner entnommen.

ISBN 3-12-351390-4

1. Auflage 1 7 6 5 4 3 | 1990 89 88 87 86

Alle Drucke dieser Auflage können im Unterricht nebeneinander benutzt werden, sie sind untereinander unverändert. Die letzte Zahl bezeichnet das Jahr dieses Druckes.

Der Abdruck folgt der Ausgabe: Heinrich von Kleist. Sämtliche Werke und Briefe, herausgegeben von Helmut Sembdner. Erster Band. Carl Hanser Verlag, München [5]1970, S. 175–244.

Umschlag: Zembsch' Werkstatt, München.
Fotosatz: Setzerei Lihs, Ludwigsburg.
Druck: Ludwig Auer GmbH, Donauwörth.

Vorrede

Diesem Lustspiel liegt wahrscheinlich ein historisches Faktum, worüber ich jedoch keine nähere Auskunft habe auffinden können, zum Grunde. Ich nahm die Veranlassung dazu aus einem Kupferstich, den ich vor mehreren Jahren in der Schweiz sah. Man bemerkte darauf – zuerst einen Richter, der gravitätisch auf dem Richterstuhl saß: vor ihm stand eine alte Frau, die einen zerbrochenen Krug hielt, sie schien das Unrecht, das ihm widerfahren war, zu demonstrieren: Beklagter, ein junger Bauerkerl, den der Richter, als überwiesen, andonnerte, verteidigte sich noch, aber schwach: ein Mädchen, das wahrscheinlich in dieser Sache gezeugt hatte (denn wer weiß, bei welcher Gelegenheit das Deliktum geschehen war) spielte sich, in der Mitte zwischen Mutter und Bräutigam, an der Schürze; wer ein falsches Zeugnis abgelegt hätte, könnte nicht zerknirschter dastehn: und der Gerichtsschreiber sah (er hatte vielleicht kurz vorher das Mädchen angesehen) jetzt den Richter mißtrauisch zur Seite an, wie Kreon[1], bei einer ähnlichen Gelegenheit, den Ödip. Darunter stand: der zerbrochene Krug. – Das Original war, wenn ich nicht irre, von einem niederländischen Meister.

(1)* Tragödiengestalten des griechischen Dichters Sophokles (um 497 bis etwa 406 v. Chr.).

Personen

WALTER, Gerichtsrat
ADAM, Dorfrichter
LICHT, Schreiber
FRAU MARTHE RULL
EVE, ihre Tochter
VEIT TÜMPEL, ein Bauer
RUPRECHT, sein Sohn
FRAU BRIGITTE
EIN BEDIENTER, BÜTTEL, MÄGDE USW.

Die Handlung spielt in einem niederländischen Dorfe bei Utrecht.

Szene: Die Gerichtsstube

Erster Auftritt

ADAM *sitzt und verbindet sich ein Bein.* LICHT *tritt auf.*

LICHT: Ei, was zum Henker, sagt, Gevatter Adam!
Was ist mit Euch geschehn? Wie seht Ihr aus?
ADAM:
Ja, seht. Zum Straucheln brauchts doch nichts, als Füße.
Auf diesem glatten Boden, ist ein Strauch hier?
Gestrauchelt bin ich hier; denn jeder trägt
Den leidgen Stein zum Anstoß in sich selbst.
LICHT: Nein, sagt mir, Freund! Den Stein trüg jeglicher –?
ADAM: Ja, in sich selbst!
LICHT: Verflucht das!
ADAM: Was beliebt?
LICHT: Ihr stammt von einem lockern Ältervater,
Der so beim Anbeginn der Dinge fiel,
Und wegen seines Falls berühmt geworden;
Ihr seid doch nicht –?
ADAM: Nun?
LICHT: Gleichfalls –?
ADAM: Ob ich –?
Ich glaube –!
Hier bin ich hingefallen, sag ich Euch.
LICHT: Unbildlich hingeschlagen?
ADAM: Ja, unbildlich.
Es mag ein schlechtes Bild gewesen sein.
LICHT: Wann trug sich die Begebenheit denn zu?
ADAM: Jetzt, in dem Augenblick, da ich dem Bett
Entsteig. Ich hatte noch das Morgenlied
Im Mund, da stolpr' ich in den Morgen schon,
Und eh ich noch den Lauf des Tags beginne,
Renkt unser Herrgott mir den Fuß schon aus.
LICHT: Und wohl den linken obendrein?
ADAM: Den linken?
LICHT: Hier, den gesetzten?
ADAM: Freilich!
LICHT: Allgerechter!
Der ohnhin schwer den Weg der Sünde wandelt.

ADAM:
Der Fuß! Was! Schwer! Warum?
LICHT: Der Klumpfuß?
ADAM: Klumpfuß!
Ein Fuß ist, wie der andere, ein Klumpen.
LICHT: Erlaubt! Da tut Ihr Eurem rechten Unrecht.
Der rechte kann sich dieser – Wucht nicht rühmen,
Und wagt sich eh'r aufs Schlüpfrige.
ADAM: Ach, was!
Wo sich der eine hinwagt, folgt der andre.
LICHT: Und was hat das Gesicht Euch so verrenkt?
ADAM: Mir das Gesicht?
LICHT: Wie? Davon wißt Ihr nichts?
ADAM: Ich müßt ein Lügner sein – wie siehts denn aus?
LICHT: Wies aussieht?
ADAM: Ja, Gevatterchen.
LICHT: Abscheulich!
ADAM: Erklärt Euch deutlicher.
LICHT: Geschunden ists,
Ein Greul zu sehn. Ein Stück fehlt von der Wange,
Wie groß? Nicht ohne Waage kann ichs schätzen.
ADAM: Den Teufel auch!
LICHT *bringt einen Spiegel:* Hier! Überzeugt Euch selbst!
Ein Schaf, das, eingehetzt von Hunden, sich
Durch Dornen drängt, läßt nicht mehr Wolle sitzen,
Als Ihr, Gott weiß wo? Fleisch habt sitzen lassen.
ADAM: Hm! Ja! 's ist wahr. Unlieblich sieht es aus.
Die Nas hat auch gelitten.
LICHT: Und das Auge.
ADAM: Das Auge nicht, Gevatter.
LICHT: Ei, hier liegt
Querfeld ein Schlag, blutrünstig, straf mich Gott,
Als hätt ein Großknecht wütend ihn geführt.
ADAM: Das ist der Augenknochen. – Ja, nun seht,
Das alles hatt ich nicht einmal gespürt!
LICHT: Ja, ja! So gehts im Feuer des Gefechts.
ADAM: Gefecht! Was! – Mit dem verfluchten Ziegenbock,
Am Ofen focht ich, wenn Ihr wollt. Jetzt weiß ichs.
Da ich das Gleichgewicht verlier, und gleichsam

Ertrunken in den Lüften um mich greife,
Fass ich die Hosen, die ich gestern abend
Durchnäßt an das Gestell des Ofens hing.
Nun fass ich sie, versteht Ihr, denke mich,
Ich Tor, daran zu halten, und nun reißt
Der Bund; Bund jetzt und Hos und ich, wir stürzen,
Und häuptlings mit dem Stirnblatt schmettr' ich auf
Den Ofen hin, just wo ein Ziegenbock
Die Nase an der Ecke vorgestreckt.
LICHT *lacht:* Gut, gut.
ADAM: Verdammt!
LICHT: Der erste Adamsfall,
Den Ihr aus einem Bett hinaus getan.
ADAM: Mein Seel! – Doch, was ich sagen wollte, was gibts Neues?
LICHT: Ja, was es Neues gibt! Der Henker hols,
Hätt ichs doch bald vergessen.
ADAM: Nun?
LICHT: Macht Euch bereit auf unerwarteten
Besuch aus Utrecht.
ADAM: So?
LICHT: Der Herr Gerichtsrat kömmt.
ADAM:
Wer kömmt?
LICHT: Der Herr Gerichtsrat Walter kömmt, aus Utrecht.
Er ist in Revisionsbereisung auf den Ämtern
Und heut noch trifft er bei uns ein.
ADAM: Noch heut! Seid Ihr bei Trost?
LICHT: So wahr ich lebe.
Er war in Holla[2], auf dem Grenzdorf, gestern,
Hat das Justizamt dort schon revidiert.
Ein Bauer sah zur Fahrt nach Huisum[2] schon
Die Vorspannpferde vor den Wagen schirren.
ADAM: Heut noch, er, der Gerichtsrat, her, aus Utrecht!
Zur Revision, der wackre Mann, der selbst
Sein Schäfchen schiert, dergleichen Fratzen haßt.

---

(2)* Von Kleist erfundene Ortsnamen.

Nach Huisum kommen, und uns kujonieren!
LICHT: Kam er bis Holla, kommt er auch bis Huisum.
Nehmt Euch in acht.
ADAM: Ach geht!
LICHT: Ich sag es Euch.
ADAM: Geht mir mit Eurem Märchen, sag ich Euch.
LICHT: Der Bauer hat ihn selbst gesehn, zum Henker.
ADAM: Wer weiß, wen der triefäugige Schuft gesehn.
Die Kerle unterscheiden ein Gesicht
Von einem Hinterkopf nicht, wenn er kahl ist.
Setzt einen Hut dreieckig auf mein Rohr,
Hängt ihm den Mantel um, zwei Stiefeln drunter,
So hält so'n Schubiack ihn für wen Ihr wollt.
LICHT: Wohlan, so zweifelt fort, ins Teufels Namen,
Bis er zur Tür hier eintritt.
ADAM: Er, eintreten! –
Ohn uns ein Wort vorher gesteckt zu haben.
LICHT: Der Unverstand! Als obs der vorige
Revisor noch, der Rat Wachholder, wäre!
Es ist Rat Walter jetzt, der revidiert.
ADAM:
Wenngleich Rat Walter! Geht, laßt mich zufrieden.
Der Mann hat seinen Amtseid ja geschworen,
Und praktisiert, wie wir, nach den
Bestehenden Edikten und Gebräuchen.
LICHT: Nun, ich versichr' Euch, der Gerichtsrat Walter
Erschien in Holla unvermutet gestern,
Vis'tierte Kassen und Registraturen,
Und suspendierte Richter dort und Schreiber,
Warum? ich weiß nicht, ab officio.
ADAM: Den Teufel auch? Hat das der Bauer gesagt?
LICHT: Dies und noch mehr –
ADAM: So?
LICHT: Wenn Ihrs wissen wollt.
Denn in der Frühe heut sucht man den Richter,
Dem man in seinem Haus Arrest gegeben,
Und findet hinten in der Scheuer ihn
Am Sparren hoch des Daches aufgehangen.
ADAM: Was sagt Ihr?

LICHT: Hülf inzwischen kommt herbei,
Man löst ihn ab, man reibt ihn, und begießt ihn,
Ins nackte Leben bringt man ihn zurück.
ADAM: So? Bringt man ihn?
LICHT: Doch jetzo wird versiegelt,
In seinem Haus, vereidet und verschlossen,
Es ist, als wär er eine Leiche schon,
Und auch sein Richteramt ist schon beerbt.
ADAM:
Ei, Henker, seht! – Ein liederlicher Hund wars –
Sonst eine ehrliche Haut, so wahr ich lebe,
Ein Kerl, mit dem sichs gut zusammen war;
Doch grausam liederlich, das muß ich sagen.
Wenn der Gerichtsrat heut in Holla war,
So gings ihm schlecht, dem armen Kauz, das glaub ich.
LICHT: Und dieser Vorfall einzig, sprach der Bauer,
Sei schuld, daß der Gerichtsrat noch nicht hier;
Zu Mittag treff er doch ohnfehlbar ein.
ADAM: Zu Mittag! Gut, Gevatter! Jetzt gilts Freundschaft.
Ihr wißt, wie sich zwei Hände waschen können.
Ihr wollt auch gern, ich weiß, Dorfrichter werden,
Und Ihr verdients, bei Gott, so gut wie einer.
Doch heut ist noch nicht die Gelegenheit,
Heut laßt Ihr noch den Kelch vorübergehn.
LICHT: Dorfrichter, ich! Was denkt Ihr auch von mir?
ADAM: Ihr seid ein Freund von wohlgesetzter Rede,
Und Euren Cicero habt Ihr studiert
Trotz einem auf der Schul in Amsterdam.
Drückt Euren Ehrgeiz heut hinunter, hört Ihr?
Es werden wohl sich Fälle noch ergeben,
Wo Ihr mit Eurer Kunst Euch zeigen könnt.
LICHT: Wir zwei Gevatterleute! Geht mir fort.
ADAM: Zu seiner Zeit, Ihr wißts, schwieg auch der große
Demosthenes[3]. Folgt hierin seinem Muster.

---

(3)* Der griechische Schriftsteller Plutarch (um 46 bis etwa 120 n. Chr.) erzählt, der Redner Demosthenes (384–322 v. Chr.) habe einmal in einer Volksversammlung unter dem Vorwand, erkältet zu sein, geschwiegen, weil er von Alexanders des Großen (von Mazedonien, Widersacher Athens) Schatzmeister Harpalos bestochen worden sei.

Und bin ich König nicht von Mazedonien,
Kann ich auf meine Art doch dankbar sein.
LICHT: Geht mir mit Eurem Argwohn, sag ich Euch.
Hab ich jemals –?
ADAM: Seht, ich, ich, für mein Teil,
Dem großen Griechen folg ich auch. Es ließe
Von Depositionen sich und Zinsen
Zuletzt auch eine Rede ausarbeiten:
Wer wollte solche Perioden drehn?
LICHT: Nun, also!
ADAM: Von solchem Vorwurf bin ich rein,
Der Henker hols! Und alles, was es gilt,
Ein Schwank ists etwa, der zur Nacht geboren,
Des Tags vorwitzgen Lichtstrahl scheut.
LICHT: Ich weiß.
ADAM: Mein Seel! Es ist kein Grund, warum ein Richter,
Wenn er nicht auf dem Richtstuhl sitzt,
Soll gravitätisch, wie ein Eisbär, sein.
LICHT: Das sag ich auch.
ADAM: Nun denn, so kommt Gevatter,
Folgt mir ein wenig zur Registratur;
Die Aktenstöße setz ich auf, denn die,
Die liegen wie der Turm zu Babylon.

Zweiter Auftritt

Ein BEDIENTER *tritt auf. Die Vorigen. –*
Nachher: Zwei MÄGDE.

DER BEDIENTE:
Gott helf, Herr Richter! Der Gerichtsrat Walter
Läßt seinen Gruß vermelden, gleich wird er hier sein.
ADAM: Ei, du gerechter Himmel! Ist er mit Holla
Schon fertig?
DER BEDIENTE: Ja, er ist in Huisum schon.
ADAM: He! Liese! Grete!
LICHT: Ruhig, ruhig jetzt.

ADAM: Gevatterchen!
LICHT: Laßt Euern Dank vermelden.
DER BEDIENTE: Und morgen reisen wir nach Hussahe[4].
ADAM: Was tu ich jetzt? Was laß ich?
Er greift nach seinen Kleidern.
ERSTE MAGD *tritt auf:* Hier bin ich, Herr.
LICHT: Wollt Ihr die Hosen anziehn? Seid Ihr toll?
ZWEITE MAGD *tritt auf:*
Hier bin ich, Herr Dorfrichter.
LICHT: Nehmt den Rock.
ADAM *sieht sich um:*
Wer? Der Gerichtsrat?
LICHT: Ach, die Magd ist es.
ADAM:
Die Bäffchen! Mantel! Kragen!
ERSTE MAGD: Erst die Weste!
ADAM: Was? – Rock aus! Hurtig!
LICHT *zum Bedienten:* Der Herr Gerichtsrat
Werden hier sehr willkommen sein. Wir sind
Sogleich bereit ihn zu empfangen. Sagt ihm das.
ADAM: Den Teufel auch! Der Richter Adam läßt sich
Entschuldigen.
LICHT: Entschuldigen!
ADAM: Entschuldgen.
Ist er schon unterwegs etwa?
DER BEDIENTE: Er ist
Im Wirtshaus noch. Er hat den Schmied bestellt;
Der Wagen ging entzwei.
ADAM: Gut. Mein Empfehl.
Der Schmied ist faul. Ich ließe mich entschuldgen.
Ich hätte Hals und Beine fast gebrochen,
Schaut selbst, 's ist ein Spektakel, wie ich ausseh;
Und jeder Schreck purgiert mich von Natur.
Ich wäre krank.
LICHT: Seid Ihr bei Sinnen? –
Der Herr Gerichtsrat wär sehr angenehm.
– Wollt Ihr?

(4)* Von Kleist erfundener Ortsname.

ADAM: Zum Henker!
LICHT: Was?
ADAM: Der Teufel soll mich holen,
Ists nicht so gut, als hätt ich schon ein Pulver!
LICHT: Das fehlt noch, daß Ihr auf den Weg ihm leuchtet.
ADAM: Margrete! he! Der Sack voll Knochen! Liese!
DIE BEIDEN MÄGDE:
Hier sind wir ja. Was wollt Ihr?
ADAM: Fort! sag ich.
Kuhkäse, Schinken, Butter, Würste, Flaschen
Aus der Registratur geschafft! Und flink! –
Du nicht. Die andere. – Maulaffe! Du ja!
– Gotts Blitz, Margrete! Liese soll, die Kuhmagd,
In die Registratur!
Die erste Magd geht ab.
DIE ZWEITE MAGD: Sprecht, soll man Euch verstehn!
ADAM:
Halts Maul jetzt, sag ich –! Fort! schaff mir die Perücke!
Marsch! Aus dem Bücherschrank! Geschwind! Pack dich!
Die zweite Magd ab.
LICHT *zum Bedienten:*
Es ist dem Herrn Gerichtsrat, will ich hoffen,
Nichts Böses auf der Reise zugestoßen?
DER BEDIENTE:
Je, nun! Wir sind im Hohlweg umgeworfen.
ADAM:
Pest! Mein geschundner Fuß! Ich krieg die Stiefeln –
LICHT: Ei, du mein Himmel! Umgeworfen, sagt Ihr?
Doch keinen Schaden weiter –?
DER BEDIENTE: Nichts von Bedeutung.
Der Herr verstauchte sich die Hand ein wenig.
Die Deichsel brach.
ADAM: Daß er den Hals gebrochen!
LICHT: Die Hand verstaucht! Ei, Herr Gott! Kam der Schmied schon?
DER BEDIENTE:
Ja, für die Deichsel.
LICHT: Was?
ADAM: Ihr meint, der Doktor.

LICHT: Was?
DER BEDIENTE: Für die Deichsel?
ADAM: Ach, was! Für die Hand.
DER BEDIENTE:
Adies, ihr Herrn. – Ich glaub, die Kerls sind toll. *Ab.*
LICHT:
Den Schmied meint ich.
ADAM: Ihr gebt Euch bloß, Gevatter.
LICHT: Wieso?
ADAM: Ihr seid verlegen.
LICHT: Was!
Die erste Magd tritt auf.
ADAM: He! Liese!
Was hast du da?
ERSTE MAGD: Braunschweiger Wurst, Herr Richter.
ADAM: Das sind Pupillenakten.
LICHT: Ich, verlegen!
ADAM: Die kommen wieder zur Registratur.
ERSTE MAGD:
Die Würste?
ADAM: Würste! Was! Der Einschlag hier.
LICHT: Es war ein Mißverständnis.
DIE ZWEITE MAGD *tritt auf:* Im Bücherschrank,
Herr Richter, find ich die Perücke nicht.
ADAM: Warum nicht?
ZWEITE MAGD: Hm! Weil Ihr –
ADAM: Nun?
ZWEITE MAGD: Gestern abend –
Glock eilf –
ADAM: Nun? Werd ichs hören?
ZWEITE MAGD: Ei, Ihr kamt ja,
Besinnt Euch, ohne die Perück ins Haus.
ADAM: Ich, ohne die Perücke?
ZWEITE MAGD: In der Tat.
Da ist die Liese, die's bezeugen kann.
Und Eure andr' ist beim Perückenmacher.
ADAM: Ich wär –?
ERSTE MAGD: Ja, meiner Treu, Herr Richter Adam!
Kahlköpfig wart Ihr, als Ihr wiederkamt;

Ihr spracht, Ihr wärt gefallen, wißt Ihr nicht?
Das Blut mußt ich Euch noch vom Kopfe waschen.
ADAM: Die Unverschämte!
ERSTE MAGD: Ich will nicht ehrlich sein.
ADAM: Halts Maul, sag ich, es ist kein wahres Wort.
LICHT: Habt Ihr die Wund seit gestern schon?
ADAM: Nein, heut.
Die Wunde heut und gestern die Perücke.
Ich trug sie weiß gepudert auf dem Kopfe,
Und nahm sie mit dem Hut, auf Ehre, bloß,
Als ich ins Haus trat, aus Versehen ab.
Was die gewaschen hat, das weiß ich nicht.
– Scher dich zum Satan, wo du hingehörst!
In die Registratur! *Erste Magd ab.*
Geh, Margarete!
Gevatter Küster soll mir seine borgen;
In meine hätt die Katze heute morgen
Gejungt, das Schwein! Sie läge eingesäuet
Mir unterm Bette da, ich weiß nun schon.
LICHT: Die Katze? Was? Seid Ihr –?
ADAM: So wahr ich lebe.
Fünf Junge, gelb und schwarz, und eins ist weiß.
Die schwarzen will ich in der Vecht ersäufen.
Was soll man machen? Wollt Ihr eine haben?
LICHT: In die Perücke?
ADAM: Der Teufel soll mich holen!
Ich hatte die Perücke aufgehängt,
Auf einem Stuhl, da ich zu Bette ging,
Den Stuhl berühr ich in der Nacht, sie fällt –
LICHT: Drauf nimmt die Katze sie ins Maul –
ADAM: Mein Seel –
LICHT: Und trägt sie unters Bett und jungt darin.
ADAM:
Ins Maul? Nein –
LICHT: Nicht? Wie sonst?
ADAM: Die Katz? Ach, was!
LICHT: Nicht? Oder Ihr vielleicht?
ADAM: Ins Maul! Ich glaube –!
Ich stieß sie mit dem Fuße heut hinunter,

Als ich es sah.
LICHT: Gut, gut.
ADAM: Kanaillen die!
Die balzen sich und jungen, wo ein Platz ist.
ZWEITE MAGD *kichernd:*
So soll ich hingehn?
ADAM: Ja, und meinen Gruß
An Muhme Schwarzgewand, die Küsterin.
Ich schickt ihr die Perücke unversehrt
Noch heut zurück – ihm brauchst du nichts zu sagen.
Verstehst du mich?
ZWEITE MAGD: Ich werde es schon bestellen.
Ab.

Dritter Auftritt

ADAM *und* LICHT.

ADAM: Mir ahndet heut nichts Guts, Gevatter Licht.
LICHT: Warum?
ADAM: Es geht bunt alles überecke mir.
Ist nicht auch heut Gerichtstag?
LICHT: Allerdings.
Die Kläger stehen vor der Türe schon.
ADAM: – Mir träumt', es hätt ein Kläger mich ergriffen,
Und schleppte vor den Richtstuhl mich; und ich,
Ich säße gleichwohl auf dem Richtstuhl dort,
Und schält' und hunzt' und schlingelte mich herunter,
Und judiziert den Hals ins Eisen mir.
LICHT: Wie? Ihr Euch selbst?
ADAM: So wahr ich ehrlich bin.
Drauf wurden beide wir zu eins, und flohn,
Und mußten in den Fichten übernachten.
LICHT: Nun? Und der Traum meint Ihr –?
ADAM: Der Teufel hols.
Wenns auch der Traum nicht ist, ein Schabernack,
Seis, wie es woll, ist wider mich im Werk!

LICHT:
Die läppsche Furcht! Gebt Ihr nur vorschriftsmäßig,
Wenn der Gerichtsrat gegenwärtig ist,
Recht den Parteien auf dem Richterstuhle,
Damit der Traum vom ausgehunzten Richter
Auf andre Art nicht in Erfüllung geht.

Vierter Auftritt

Der Gerichtsrat WALTER *tritt auf. Die Vorigen.*

WALTER: Gott grüß Euch, Richter Adam.
ADAM: Ei, willkommen!
Willkommen, gnädger Herr, in unserm Huisum!
Wer konnte, du gerechter Gott, wer konnte
So freudigen Besuches sich gewärtgen.
Kein Traum, der heute früh Glock achte noch
Zu solchem Glücke sich versteigen durfte.
WALTER:
Ich komm ein wenig schnell, ich weiß; und muß
Auf dieser Reis, in unsrer Staaten Dienst,
Zufrieden sein, wenn meine Wirte mich
Mit wohlgemeintem Abschiedsgruß entlassen.
Inzwischen ich, was meinen Gruß betrifft,
Ich meins von Herzen gut, schon wenn ich komme.
Das Obertribunal in Utrecht will
Die Rechtspfleg auf dem platten Land verbessern,
Die mangelhaft von mancher Seite scheint,
Und strenge Weisung hat der Mißbrauch zu erwarten.
Doch *mein* Geschäft auf dieser Reis ist noch
Ein strenges nicht, sehn soll ich bloß, nicht strafen,
Und find ich gleich nicht alles, wie es soll,
Ich freue mich, wenn es erträglich ist.
ADAM: Fürwahr, so edle Denkart muß man loben.
Euer Gnaden werden hie und da, nicht zweifl' ich,
Den alten Brauch im Recht zu tadeln wissen:
Und wenn er in den Niederlanden gleich

Seit Kaiser Karl dem fünften[5] schon besteht:
Was läßt sich in Gedanken nicht erfinden?
Die Welt, sagt unser Sprichwort, wird stets klüger,
Und alles liest, ich weiß, den Puffendorf[6];
Doch Huisum ist ein kleiner Teil der Welt,
Auf den nicht mehr, nicht minder, als sein Teil nur
Kann von der allgemeinen Klugheit kommen.
Klärt die Justiz in Huisum gütigst auf,
Und überzeugt Euch, gnädger Herr, Ihr habt
Ihr noch sobald den Rücken nicht gekehrt,
Als sie auch völlig Euch befriedgen wird;
Doch fändet Ihr sie heut im Amte schon
Wie Ihr sie wünscht, mein Seel, so wärs ein Wunder,
Da sie nur dunkel weiß noch, was Ihr wollt.
WALTER: Es fehlt an Vorschriften, ganz recht. Vielmehr
Es sind zu viel, man wird sie sichten müssen.
ADAM: Ja, durch ein großes Sieb. Viel Spreu! Viel Spreu!
WALTER: Das ist dort der Herr Schreiber?
LICHT: Der Schreiber Licht,
Zu Eurer hohen Gnaden Diensten. Pfingsten
Neun Jahre, daß ich im Justizamt bin.
ADAM *bringt einen Stuhl:* Setzt Euch.
WALTER: Laßt sein.
ADAM: Ihr kommt von Holla schon.
WALTER: Zwei kleine Meilen – Woher wißt Ihr das?
ADAM: Woher? Euer Gnaden Diener –
LICHT: Ein Bauer sagt' es,
Der eben jetzt von Holla eingetroffen.
WALTER: Ein Bauer?
ADAM: Aufzuwarten.
WALTER: – Ja! Es trug sich
Dort ein unangenehmer Vorfall zu,
Der mir die heitre Laune störte,
Die in Geschäften uns begleiten soll. –
Ihr werdet davon unterrichtet sein?

---

(5)* Halsgerichtsordnung Karls V. (›Carolina‹) von 1532.
(6)* Samuel Freiherr von Pufendorf (1632–1694); Verfasser der ›Elementa iurisprudentiae universalis‹ und ›De statu imperii germanici‹.

ADAM: Wärs wahr gestrenger Herr? Der Richter Pfaul,
Weil er Arrest in seinem Haus empfing,
Verzweiflung hätt den Toren überrascht,
Er hing sich auf?
WALTER: Und machte Übel ärger.
Was nur Unordnung schien, Verworrenheit,
Nimmt jetzt den Schein an der Veruntreuung,
Die das Gesetz, Ihr wißts, nicht mehr verschont. –
Wie viele Kassen habt Ihr?
ADAM: Fünf, zu dienen.
WALTER: Wie, fünf! Ich stand im Wahn – Gefüllte Kassen?
Ich stand im Wahn, daß Ihr nur vier –
ADAM: Verzeiht!
Mit der Rhein-Inundations-Kollektenkasse?
WALTER: Mit der Inundations-Kollektenkasse!
Doch jetzo ist der Rhein nicht inundiert[7],
Und die Kollekten gehn mithin nicht ein.
– Sagt doch, Ihr habt ja wohl Gerichtstag heut?
ADAM: Ob wir –?
WALTER: Was?
LICHT: Ja, den ersten in der Woche.
WALTER: Und jene Schar von Leuten, die ich draußen
Auf Eurem Flure sah, sind das –?
ADAM: Das werden –
LICHT: Die Kläger sinds, die sich bereits versammeln.
WALTER: Gut. Dieser Umstand ist mir lieb, ihr Herren.
Laßt diese Leute, wenns beliebt, erscheinen.
Ich wohne dem Gerichtsgang bei; ich sehe
Wie er in Eurem Huisum üblich ist.
Wir nehmen die Registratur, die Kassen,
Nachher, wenn diese Sache abgetan.
ADAM: Wie Ihr befehlt. – Der Büttel! He! Hanfriede[8]!

(7)* überflutet.
(8)* männlicher Vorname, Kurzform von Johann Friedrich.

Fünfter Auftritt

Die zweite MAGD *tritt auf. Die Vorigen.*

ZWEITE MAGD:
Gruß von Frau Küsterin, Herr Richter Adam;
So gern sie die Perück Euch auch –
ADAM: Wie? Nicht?
ZWEITE MAGD:
Sie sagt, es wäre Morgenpredigt heute;
Der Küster hätte selbst die eine auf,
Und seine andre wäre unbrauchbar,
Sie sollte heut zum Perückenmacher.
ADAM: Verflucht!
ZWEITE MAGD: Sobald der Küster wieder kömmt,
Wird sie jedoch sogleich Euch seine schicken.
ADAM: Auf meine Ehre, gnädger Herr –
WALTER: Was gibts?
ADAM: Ein Zufall, ein verwünschter, hat um beide
Perücken mich gebracht. Und jetzt bleibt mir
Die dritte aus, die ich mir leihen wollte:
Ich muß kahlköpfig den Gerichtstag halten.
WALTER: Kahlköpfig!
ADAM: Ja, beim ewgen Gott! So sehr
Ich ohne der Perücke Beistand um
Mein Richteransehn auch verlegen bin.
– Ich müßt es auf dem Vorwerk noch versuchen,
Ob mir vielleicht der Pächter –?
WALTER: Auf dem Vorwerk!
Kann jemand anders hier im Orte nicht –?
ADAM: Nein, in der Tat –
WALTER: Der Prediger vielleicht.
ADAM: Der Prediger? Der –
WALTER: Oder Schulmeister.
ADAM: Seit der Sackzehnde[9] abgeschafft, Euer Gnaden,
Wozu ich hier im Amte mitgewirkt,
Kann ich auf beider Dienste nicht mehr rechnen.

---

(9)* Naturalleistungen der Bauern an Pfarrer und Schulmeister.

WALTER:
Nun, Herr Dorfrichter? Nun? Und der Gerichtstag?
Denkt Ihr zu warten, bis die Haar Euch wachsen?
ADAM: Ja, wenn Ihr mir erlaubt, schick ich aufs Vorwerk.
WALTER: – Wie weit ists auf das Vorwerk?
ADAM: Ei! Ein kleines
Halbstündchen.
WALTER: Eine halbe Stunde, was!
Und Eurer Sitzung Stunde schlug bereits.
Macht fort! Ich muß noch heut nach Hussahe.
ADAM: Macht fort! Ja –
WALTER: Ei, so pudert Euch den Kopf ein!
Wo Teufel auch, wo ließt Ihr die Perücken?
– Helft Euch so gut Ihr könnt. Ich habe Eile.
ADAM: Auch das.
DER BÜTTEL *tritt auf.*
Hier ist der Büttel!
ADAM: Kann ich inzwischen
Mit einem guten Frühstück, Wurst aus Braunschweig,
Ein Gläschen Danziger etwa –
WALTER: Danke sehr.
ADAM:
Ohn Umständ!
WALTER: Dank', Ihr hörts, habs schon genossen.
Geht Ihr, und nutzt die Zeit, ich brauche sie
In meinem Büchlein etwas mir zu merken.
ADAM: Nun, wenn Ihr so befehlt – Komm, Margarete!
WALTER: – Ihr seid ja bös verletzt, Herr Richter Adam.
Seid Ihr gefallen?
ADAM: – Hab einen wahren Mordschlag
Heut früh, als ich dem Bett entstieg, getan:
Seht, gnädger Herr Gerichtsrat, einen Schlag
Ins Zimmer hin, ich glaubt es wär ins Grab.
WALTER: Das tut mir leid. – Es wird doch weiter nicht
Von Folgen sein?
ADAM: Ich denke nicht. Und auch
In meiner Pflicht solls weiter mich nicht stören. –
Erlaubt!
WALTER: Geht, geht!

ADAM *zum Büttel:* Die Kläger rufst du – marsch!
Adam, die Magd und der Büttel ab.

Sechster Auftritt

FRAU MARTHE, EVE, VEIT *und* RUPRECHT *treten auf.* – WALTER *und* LICHT *im Hintergrunde.*

FRAU MARTHE: Ihr krugzertrümmerndes Gesindel, ihr!
Ihr sollt mir büßen, ihr!
VEIT: Sei Sie nur ruhig,
Frau Marth! Es wird sich alles hier entscheiden.
FRAU MARTHE:
O ja. Entscheiden. Seht doch. Den Klugschwätzer
Den Krug mir, den zerbrochenen, entscheiden.
Wer wird mir den geschiednen Krug entscheiden?
Hier wird entschieden werden, daß geschieden
Der Krug mir bleiben soll. Für so'n Schiedsurteil
Geb ich noch die geschiednen Scherben nicht.
VEIT: Wenn Sie sich Recht erstreiten kann, Sie hörts,
Ersetz ich ihn.
FRAU MARTHE: Er mir den Krug ersetzen.
Wenn ich mir Recht erstreiten kann, ersetzen.
Setz Er den Krug mal hin, versuch Ers mal,
Setz Er'n mal hin auf das Gesims! Ersetzen!
Den Krug, der kein Gebein zum Stehen hat,
Zum Liegen oder Sitzen hat, ersetzen!
VEIT:
Sie hörts! Was geifert Sie? Kann man mehr tun?
Wenn einer Ihr von uns den Krug zerbrochen,
Soll Sie entschädigt werden.
FRAU MARTHE: Ich entschädigt!
Als ob ein Stück von meinem Hornvieh spräche.
Meint Er, daß die Justiz ein Töpfer ist?
Und kämen die Hochmögenden und bänden
Die Schürze vor, und trügen ihn zum Ofen,
Die könnten sonst was in den Krug mir tun,

Als ihn entschädigen. Entschädigen!

RUPRECHT:
Laß Er sie, Vater. Folg Er mir. Der Drachen!
's ist der zerbrochne Krug nicht, der sie wurmt,
Die Hochzeit ist es, die ein Loch bekommen,
Und mit Gewalt hier denkt sie sie zu flicken.
Ich aber setze noch den Fuß eins drauf:
Verflucht bin ich, wenn ich die Metze nehme.

FRAU MARTHE:
Der eitle Flaps! Die Hochzeit ich hier flicken!
Die Hochzeit, nicht des Flicksdrahts, unzerbrochen
Nicht einen von des Kruges Scherben wert.
Und stünd die Hochzeit blankgescheuert vor mir,
Wie noch der Krug auf dem Gesimse gestern,
So faßt ich sie beim Griff jetzt mit den Händen,
Und schlüg sie gellend ihm am Kopf entzwei,
Nicht aber hier die Scherben möcht ich flicken!
Sie flicken!

EVE: Ruprecht!

RUPRECHT: Fort du –!

EVE: Liebster Ruprecht!

RUPRECHT: Mir aus den Augen!

EVE: Ich beschwöre dich.

RUPRECHT: Die lüderliche –! Ich mag nicht sagen, was.

EVE: Laß mich ein einzges Wort dir heimlich –

RUPRECHT: Nichts!

EVE: – Du gehst zum Regimente jetzt, o Ruprecht,
Wer weiß, wenn du erst die Muskete trägst,
Ob ich dich je im Leben wieder sehe.
Krieg ists, bedenke, Krieg, in den du ziehst:
Willst du mit solchem Grolle von mir scheiden?

RUPRECHT:
Groll? Nein, bewahr mich Gott, das will ich nicht.
Gott schenk dir so viel Wohlergehn, als er
Erübrigen kann. Doch kehrt ich aus dem Kriege
Gesund, mit erzgegoßnem Leib zurück,
Und würd in Huisum achtzig Jahre alt,
So sagt ich noch im Tode zu dir: Metze!
Du willsts ja selber vor Gericht beschwören.

FRAU MARTHE *zu Eve:*
Hinweg! Was sagt ich dir? Willst du dich noch
Beschimpfen lassen? Der Herr Korporal
Ist was für dich, der würdge Holzgebein,
Der seinen Stock im Militär geführt,
Und nicht dort der Maulaffe, der dem Stock
Jetzt seinen Rücken bieten wird. Heut ist
Verlobung, Hochzeit, wäre Taufe heute,
Es wär mir recht, und mein Begräbnis leid ich,
Wenn ich dem Hochmut erst den Kamm zertreten,
Der mir bis an die Krüge schwillet.
EVE: Mutter!
Laßt doch den Krug! Laßt mich doch in der Stadt versuchen,
Ob ein geschickter Handwerksmann die Scherben
Nicht wieder Euch zur Lust zusammenfügt.
Und wärs um ihn geschehn, nehmt meine ganze
Sparbüchse hin, und kauft Euch einen neuen.
Wer wollte doch um einen irdnen Krug,
Und stammt er von Herodes' Zeiten her,
Solch einen Aufruhr, so viel Unheil stiften.
FRAU MARTHE:
Du sprichst, wie dus verstehst. Willst du etwa
Die Fiedel[10] tragen, Evchen, in der Kirche
Am nächsten Sonntag reuig Buße tun?
Dein guter Name lag in diesem Topfe,
Und vor der Welt mit ihm war er zerstoßen,
Wenn auch vor Gott nicht, und vor mir und dir.
Der Richter ist mein Handwerksmann, der Schergen,
Der Block ists, Peitschenhiebe, die es braucht,
Und auf den Scheiterhaufen das Gesindel,
Wenns unsre Ehre weiß zu brennen gilt,
Und diesen Krug hier wieder zu glasieren.

(10)* Pranger-Instrument.

Siebenter Auftritt

ADAM *im Ornat, doch ohne Perücke, tritt auf. Die Vorigen.*

ADAM *für sich:*
Ei, Evchen. Sieh! Und der vierschrötge Schlingel,
Der Ruprecht! Ei, was Teufel, sieh! Die ganze Sippschaft!
– Die werden mich doch nicht bei mir verklagen?
EVE: O liebste Mutter, folgt mir, ich beschwör Euch,
Laßt diesem Unglückszimmer uns entfliehen!
ADAM: Gevatter! Sagt mir doch, was bringen die?
LICHT: Was weiß ich? Lärm um nichts; Lappalien.
Es ist ein Krug zerbrochen worden, hör ich.
ADAM: Ein Krug! So! Ei! – Ei, wer zerbrach den Krug?
LICHT: Wer ihn zerbrochen?
ADAM: Ja, Gevatterchen.
LICHT: Mein Seel, setzt Euch: so werdet Ihrs erfahren.
ADAM *heimlich:*
Evchen!
EVE *gleichfalls:*
Geh Er.
ADAM: Ein Wort.
EVE: Ich will nichts wissen.
ADAM: Was bringt ihr mir?
EVE: Ich sag Ihm, Er soll gehn.
ADAM:
Evchen! Ich bitte dich! Was soll mir das bedeuten?
EVE: Wenn Er nicht gleich –! Ich sags Ihm, laß Er mich.
ADAM *zu Licht:*
Gevatter, hört, mein Seel, ich halts nicht aus.
Die Wund am Schienbein macht mir Übelkeiten;
Führt Ihr die Sach, ich will zu Bette gehn.
LICHT:
Zu Bett –? Ihr wollt –? Ich glaub, Ihr seid verrückt.
ADAM: Der Henker hols. Ich muß mich übergeben.
LICHT:
Ich glaub, Ihr rast, im Ernst. Soeben kommt Ihr –?
– Meinthalben. Sagts dem Herrn Gerichtsrat dort.
Vielleicht erlaubt ers. – Ich weiß nicht, was Euch fehlt?

ADAM *wieder zu Evchen:*
Evchen! Ich flehe dich! Um alle Wunden[11]!
Was ists, das ihr mir bringt?
EVE: Er wirds schon hören.
ADAM: Ists nur der Krug dort, den die Mutter hält,
Den ich, soviel –?
EVE: Ja, der zerbrochne Krug nur.
ADAM: Und weiter nichts?
EVE: Nichts weiter.
ADAM: Nichts? Gewiß nicht?
EVE: Ich sag Ihm, geh Er. Laß Er mich zufrieden.
ADAM: Hör du, bei Gott, sei klug, ich rat es dir.
EVE: Er, Unverschämter!
ADAM: In dem Attest steht
Der Name jetzt, Frakturschrift, Ruprecht Tümpel.
Hier trag ichs fix und fertig in der Tasche;
Hörst du es knackern, Evchen? Sieh, das kannst du,
Auf meine Ehr, heut übers Jahr dir holen,
Dir Trauerschürz und Mieder zuzuschneiden,
Wenns heißt: der Ruprecht in Batavia
Krepiert' – ich weiß, an welchem Fieber nicht,
Wars gelb, wars scharlach, oder war es faul.
WALTER:
Sprecht nicht mit den Partein, Herr Richter Adam,
Vor der Session! Hier setzt Euch, und befragt sie.
ADAM: Was sagt er? – Was befehlen Euer Gnaden?
WALTER: Was ich befehl? – Ich sagte deutlich Euch,
Daß Ihr nicht heimlich vor der Sitzung sollt
Mit den Partein zweideutige Sprache führen.
Hier ist der Platz, der Eurem Amt gebührt,
Und öffentlich Verhör, was ich erwarte.
ADAM *für sich:*
Verflucht! Ich kann mich nicht dazu entschließen –!
– Es klirrte etwas, da ich Abschied nahm –
LICHT *ihn aufschreckend:*
Herr Richter! Seid Ihr –?
ADAM: Ich? Auf Ehre nicht!

---

(11)* Gemeint sind die Wunden Christi.

Ich hatte sie behutsam drauf gehängt.
Und müßt ein Ochs gewesen sein –
LICHT: Was?
ADAM: Was?
LICHT: Ich fragte –!
ADAM: Ihr fragtet, ob ich –?
LICHT: Ob Ihr taub seid, fragt ich.
Dort Seiner Gnaden haben Euch gerufen.
ADAM: Ich glaubte –! Wer ruft?
LICHT: Der Herr Gerichtsrat dort.
ADAM *für sich:* Ei! Hols der Henker auch! Zwei Fälle gibts,
Mein Seel, nicht mehr, und wenns nicht biegt, so brichts.
– Gleich! Gleich! Gleich! Was befehlen Euer Gnaden?
Soll jetzt die Prozedur beginnen?
WALTER: Ihr seid ja sonderbar zerstreut. Was fehlt Euch?
ADAM: – Auf Ehr! Verzeiht. Es hat ein Perlhuhn mir,
Das ich von einem Indienfahrer kaufte,
Den Pips[12]: ich soll es nudeln, und verstehs nicht,
Und fragte dort die Jungfer bloß um Rat.
Ich bin ein Narr in solchen Dingen, seht,
Und meine Hühner nenn ich meine Kinder.
WALTER:
Hier. Setzt Euch. Ruft den Kläger und vernehmt ihn.
Und Ihr, Herr Schreiber, führt das Protokoll.
ADAM: Befehlen Euer Gnaden den Prozeß
Nach den Formalitäten, oder so,
Wie er in Huisum üblich ist, zu halten?
WALTER: Nach den gesetzlichen Formalitäten,
Wie er in Huisum üblich ist, nicht anders.
ADAM: Gut, gut. Ich werd Euch zu bedienen wissen.
Seid Ihr bereit, Herr Schreiber?
LICHT: Zu Euren Diensten.
ADAM: – So nimm, Gerechtigkeit, denn deinen Lauf!
Klägere trete vor.
FRAU MARTHE: Hier, Herr Dorfrichter!
ADAM: Wer seid Ihr?
FRAU MARTHE: Wer –?

---

(12)* Geflügelkrankheit.

ADAM: Ihr.
FRAU MARTHE: Wer ich –?
ADAM: Wer Ihr seid!
Wes Namens, Standes, Wohnorts, und so weiter.
FRAU MARTHE:
Ich glaub, Er spaßt, Herr Richter.
ADAM: Spaßen, was!
Ich sitz im Namen der Justiz, Frau Marthe,
Und die Justiz muß wissen, wer Ihr seid.
LICHT *halblaut:* Laßt doch die sonderbare Frag –
FRAU MARTHE: Ihr guckt
Mir alle Sonntag in die Fenster ja,
Wenn Ihr aufs Vorwerk geht!
WALTER: Kennt Ihr die Frau?
ADAM: Sie wohnt hier um die Ecke, Euer Gnaden,
Wenn man den Fußsteig durch die Hecken geht;
Witw' eines Kastellans, Hebamme jetzt,
Sonst eine ehrliche Frau, von gutem Rufe.
WALTER: Wenn Ihr so unterrichtet seid, Herr Richter,
So sind dergleichen Fragen überflüssig.
Setzt ihren Namen in das Protokoll,
Und schreibt dabei: dem Amte wohlbekannt.
ADAM: Auch das. Ihr seid nicht für Formalitäten.
Tut so, wie Seiner Gnaden anbefohlen.
WALTER: Fragt nach dem Gegenstand der Klage jetzt.
ADAM: Jetzt soll ich –?
WALTER *ungeduldig:* Ja, den Gegenstand ermitteln!
ADAM:
Das ist gleichfalls ein Krug, verzeiht.
WALTER: Wie? Gleichfalls!
ADAM: Ein Krug. Ein bloßer Krug. Setzt einen Krug,
Und schreibt dabei: dem Amte wohlbekannt.
LICHT: Auf meine hingeworfene Vermutung
Wollt Ihr, Herr Richter –?
ADAM: Mein Seel, wenn ichs Euch sage,
So schreibt Ihrs hin. Ists nicht ein Krug, Frau Marthe?
FRAU MARTHE: Ja, hier der Krug –
ADAM: Da habt Ihrs.
FRAU MARTHE: Der zerbrochne –

ADAM: Pedantische Bedenklichkeit.
LICHT: Ich bitt Euch –
ADAM:
Und wer zerbrach den Krug? Gewiß der Schlingel –?
FRAU MARTHE:
Ja, er, der Schlingel dort –
ADAM *für sich:* Mehr brauch ich nicht.
RUPRECHT:
Das ist nicht wahr, Herr Richter.
ADAM *für sich:* Auf, aufgelebt, du alter Adam!
RUPRECHT:
Das lügt sie in den Hals hinein –
ADAM: Schweig, Maulaffe!
Du steckst den Hals noch früh genug ins Eisen.
– Setzt einen Krug, Herr Schreiber, wie gesagt,
Zusamt dem Namen des, der ihn zerschlagen.
Jetzt wird die Sache gleich ermittelt sein.
WALTER:
Herr Richter! Ei! Welch ein gewaltsames Verfahren.
ADAM: Wieso?
LICHT: Wollt Ihr nicht förmlich –?
ADAM: Nein! sag ich;
Ihr Gnaden lieben Förmlichkeiten nicht.
WALTER: Wenn Ihr die Instruktion, Herr Richter Adam,
Nicht des Prozesses einzuleiten wißt,
Ist hier der Ort jetzt nicht, es Euch zu lehren.
Wenn Ihr Recht anders nicht, als so, könnt geben,
So tretet ab: vielleicht kanns Euer Schreiber.
ADAM: Erlaubt! Ich gabs, wies hier in Huisum üblich;
Euer Gnaden habens also mir befohlen.
WALTER: Ich hätt –?
ADAM: Auf meine Ehre!
WALTER: Ich befahl Euch,
Recht hier nach den Gesetzen zu erteilen;
Und hier in Huisum glaubt ich die Gesetze
Wie anderswo in den vereinten Staaten[13].
ADAM: Da muß submiß ich um Verzeihung bitten!

(13)* Niederlande.

Wir haben hier, mit Euerer Erlaubnis,
Statuten, eigentümliche, in Huisum,
Nicht aufgeschriebene, muß ich gestehn, doch durch
Bewährte Tradition uns überliefert.
Von dieser Form, getrau ich mir zu hoffen,
Bin ich noch heut kein Jota abgewichen.
Doch auch in Eurer andern Form bin ich,
Wie sie im Reich mag üblich sein, zu Hause.
Verlangt Ihr den Beweis? Wohlan, befehlt!
Ich kann Recht so jetzt, jetzo so erteilen.

WALTER: Ihr gebt mir schlechte Meinungen, Herr Richter.
Es sei. Ihr fangt von vorn die Sache an. –

ADAM: Auf Ehr! Gebt acht, Ihr sollt zufrieden sein.
– Frau Marthe Rull! Bringt Eure Klage vor.

FRAU MARTHE:
Ich klag, Ihr wißts, hier wegen dieses Krugs;
Jedoch vergönnt, daß ich, bevor ich melde
Was diesem Krug geschehen, auch beschreibe
Was er vorher mir war.

ADAM: Das Reden ist an Euch.

FRAU MARTHE:
Seht ihr den Krug, ihr wertgeschätzten Herren?
Seht ihr den Krug?

ADAM: O ja, wir sehen ihn.

FRAU MARTHE:
Nichts seht ihr, mit Verlaub, die Scherben seht ihr;
Der Krüge schönster ist entzwei geschlagen.
Hier grade auf dem Loch, wo jetzo nichts,
Sind die gesamten niederländischen Provinzen
Dem span'schen Philipp[14] übergeben worden.
Hier im Ornat stand Kaiser Karl der fünfte:
Von dem seht ihr nur noch die Beine stehn.
Hier kniete Philipp, und empfing die Krone:
Der liegt im Topf, bis auf den Hinterteil,
Und auch noch der hat einen Stoß empfangen.
Dort wischten seine beiden Muhmen sich,

---

(14)* Kaiser Karl V. übergab 1555 in Brüssel die Niederländischen Provinzen an seinen Sohn Philipp.

Der Franzen und der Ungarn Königinnen[15],
Gerührt die Augen aus; wenn man die eine
Die Hand noch mit dem Tuch empor sieht heben,
So ists, als weinete sie über sich.
Hier im Gefolge stützt sich Philibert[16],
Für den den Stoß der Kaiser aufgefangen,
Noch auf das Schwert; doch jetzo müßt er fallen,
So gut wie Maximilian[17]: der Schlingel!
Die Schwerter unten jetzt sind weggeschlagen.
Hier in der Mitte, mit der heilgen Mütze,
Sah man den Erzbischof von Arras[18] stehn;
Den hat der Teufel ganz und gar geholt,
Sein Schatten nur fällt lang noch übers Pflaster.
Hier standen rings, im Grunde, Leibtrabanten,
Mit Hellebarden, dicht gedrängt, und Spießen,
Hier Häuser, seht, vom großen Markt zu Brüssel,
Hier guckt noch ein Neugierger aus dem Fenster:
Doch was er jetzo sieht, das weiß ich nicht.

ADAM: Frau Marth! Erlaßt uns das zerscherbte Paktum,
Wenn es zur Sache nicht gehört.
Uns geht das Loch – nichts die Provinzen an,
Die darauf übergeben worden sind.

FRAU MARTHE:
Erlaubt! Wie schön der Krug, gehört zur Sache! –
Den Krug erbeutete sich Childerich,
Der Kesselflicker, als Oranien[19]
Briel mit den Wassergeusen überrumpelte.
Ihn hatt ein Spanier, gefüllt mit Wein,
Just an den Mund gesetzt, als Childerich
Den Spanier von hinten niederwarf,
Den Krug ergriff, ihn leert' und weiter ging.

ADAM: Ein würdger Wassergeuse.

FRAU MARTHE: Hierauf vererbte

---

(15)* Eleonore und Maria, die Schwestern Karls V.
(16)* Ritter Karls V.
(17)* später Kaiser Maximilian II.
(18)* Der Haß der Niederländer richtete sich besonders gegen ihn.
(19)* Wilhelm von Oranien; die Meergeusen eroberten Briel in Südholland am 1. 4. 1572.

Der Krug auf Fürchtegott, den Totengräber;
Der trank zu dreimal nur, der Nüchterne,
Und stets vermischt mit Wasser aus dem Krug.
Das erstemal, als er im Sechzigsten
Ein junges Weib sich nahm; drei Jahre drauf,
Als sie noch glücklich ihn zum Vater machte;
Und als sie jetzt noch funfzehn Kinder zeugte,
Trank er zum dritten Male, als sie starb.

ADAM: Gut. Das ist auch nicht übel.

FRAU MARTHE: Drauf fiel der Krug
An den Zachäus, Schneider in Tirlemont,
Der meinem sel'gen Mann, was ich euch jetzt
Berichten will, mit eignem Mund erzählt.
Der warf, als die Franzosen plünderten,
Den Krug, samt allem Hausrat, aus dem Fenster,
Sprang selbst, und brach den Hals, der Ungeschickte,
Und dieser irdne Krug, der Krug von Ton,
Aufs Bein kam er zu stehen, und blieb ganz.

ADAM:
Zur Sache, wenns beliebt, Frau Marthe Rull! Zur Sache!

FRAU MARTHE:
Drauf in der Feuersbrunst von sechsundsechzig[20],
Da hatt ihn schon mein Mann, Gott hab ihn selig –

ADAM: Zum Teufel! Weib! So seid Ihr noch nicht fertig?

FRAU MARTHE:
– Wenn ich nicht reden soll, Herr Richter Adam,
So bin ich unnütz hier, so will ich gehn,
Und ein Gericht mir suchen, das mich hört.

WALTER:
Ihr sollt hier reden: doch von Dingen nicht,
Die Eurer Klage fremd. Wenn Ihr uns sagt,
Daß jener Krug Euch wert, so wissen wir
Soviel, als wir zum Richten hier gebrauchen.

FRAU MARTHE:
Wieviel ihr brauchen möget, hier zu richten,
Das weiß ich nicht, und untersuch es nicht;
Das aber weiß ich, daß ich, um zu klagen,

---

(20)* 1666.

Muß vor euch sagen dürfen, über was.
WALTER:
Gut denn. Zum Schluß jetzt. Was geschah dem Krug?
Was? – Was geschah dem Krug im Feuer
Von Anno sechsundsechzig? Wird mans hören?
Was ist dem Krug geschehn?
FRAU MARTHE: Was ihm geschehen?
Nichts ist dem Krug, ich bitt euch sehr, ihr Herren,
Nichts Anno sechsundsechzig ihm geschehen.
Ganz blieb der Krug, ganz in der Flammen Mitte,
Und aus des Hauses Asche zog ich ihn
Hervor, glasiert, am andern Morgen, glänzend,
Als käm er eben aus dem Töpferofen.
WALTER:
Nun gut. Nun kennen wir den Krug. Nun wissen
Wir alles, was dem Krug geschehn, was nicht.
Was gibts jetzt weiter?
FRAU MARTHE: Nun, diesen Krug jetzt, seht – den Krug,
Zertrümmert einen Krug noch wert, den Krug
Für eines Fräuleins Mund, die Lippe selbst
Nicht der Frau Erbstatthalterin zu schlecht,
Den Krug, ihr hohen Herren Richter beide,
Den Krug hat jener Schlingel mir zerbrochen.
ADAM: Wer?
FRAU MARTHE: Er, der Ruprecht dort.
RUPRECHT: Das ist gelogen,
Herr Richter.
ADAM: Schweig Er, bis man Ihn fragen wird.
Auch heut an Ihn noch wird die Reihe kommen.
– Habt Ihrs im Protokoll bemerkt?
LICHT: O ja.
ADAM: Erzählt den Hergang, würdige Frau Marthe.
FRAU MARTHE: Es war Uhr eilfe gestern –
ADAM: Wann, sagt Ihr?
FRAU MARTHE:
Uhr eilf.
ADAM: Am Morgen!
FRAU MARTHE: Nein, verzeiht, am Abend –
Und schon die Lamp im Bette wollt ich löschen,

Als laute Männerstimmen, ein Tumult,
In meiner Tochter abgelegnen Kammer,
Als ob der Feind einbräche, mich erschreckt.
Geschwind die Trepp eil ich hinab, ich finde
Die Kammertür gewaltsam eingesprengt,
Schimpfreden schallen wütend mir entgegen,
Und da ich mir den Auftritt jetzt beleuchte,
Was find ich jetzt, Herr Richter, was jetzt find ich?
Den Krug find ich zerscherbt im Zimmer liegen,
In jedem Winkel liegt ein Stück,
Das Mädchen ringt die Händ, und er, der Flaps dort,
Der trotzt, wie toll, Euch in des Zimmers Mitte.

ADAM *bankerott:* Ei, Wetter!

FRAU MARTHE: Was?

ADAM: Sieh da, Frau Marthe!

FRAU MARTHE: Ja! –
Drauf ists, als ob, in so gerechtem Zorn,
Mir noch zehn Arme wüchsen, jeglichen
Fühl ich mir wie ein Geier ausgerüstet.
Ihn stell ich dort zur Rede, was er hier
In später Nacht zu suchen, mir die Krüge
Des Hauses tobend einzuschlagen habe:
Und er, zur Antwort gibt er mir, jetzt ratet?
Der Unverschämte! Der Halunke, der!
Aufs Rad will ich ihn sehen, oder mich
Nicht mehr geduldig auf den Rücken legen:
Er spricht, es hab ein anderer den Krug
Vom Sims gestürzt – ein anderer, ich bitt Euch,
Der vor ihm aus der Kammer nur entwichen;
– Und überhäuft mit Schimpf mir da das Mädchen.

ADAM: O! faule Fische – Hierauf?

FRAU MARTHE: Auf dies Wort
Seh ich das Mädchen fragend an; die steht
Gleich einer Leiche da, ich sage: Eve! –
Sie setzt sich; ists ein anderer gewesen,
Frag ich? Und Joseph und Maria, ruft sie,
Was denkt Ihr Mutter auch? – So sprich! Wer wars?
Wer sonst, sagt sie, – und wer auch konnt es anders?
Und schwört mir zu, daß ers gewesen ist.

EVE:
Was schwor ich Euch? Was hab ich Euch geschworen?
Nichts schwor ich, nichts Euch –
FRAU MARTHE: Eve!
EVE: Nein! Dies lügt Ihr –
RUPRECHT: Da hört ihrs.
ADAM: Hund, jetzt, verfluchter, schweig,
Soll hier die Faust den Rachen dir nicht stopfen!
Nachher ist Zeit für dich, nicht jetzt.
FRAU MARTHE:
Du hättest nicht –?
EVE: Nein, Mutter! Dies verfälscht Ihr.
Seht, leid tuts in der Tat mir tief zur Seele,
Daß ich es öffentlich erklären muß:
Doch nichts schwor ich, nichts, nichts hab ich geschworen.
ADAM: Seid doch vernünftig, Kinder.
LICHT: Das ist ja seltsam.
FRAU MARTHE: Du hättest mir, o Eve, nicht versichert –?
Nicht Joseph und Maria angerufen?
EVE: Beim Schwur nicht! Schwörend nicht!
Seht, dies jetzt schwör ich,
Und Joseph und Maria ruf ich an.
ADAM:
Ei, Leutchen! Ei, Frau Marthe! Was auch macht Sie?
Wie schüchtert Sie das gute Kind auch ein.
Wenn sich die Jungfer wird besonnen haben,
Erinnert ruhig dessen, was geschehen,
– Ich sage, was geschehen *ist,* und was,
Spricht sie nicht, wie sie soll, geschehn noch *kann:*
Gebt acht, so sagt sie heut uns aus, wie gestern,
Gleichviel, ob sies beschwören kann, ob nicht.
Laßt Joseph und Maria aus dem Spiele.
WALTER:
Nicht doch, Herr Richter, nicht! Wer wollte den
Parteien so zweideutge Lehren geben.
FRAU MARTHE: Wenn sie ins Angesicht mir sagen kann,
Schamlos, die liederliche Dirne, die,
Daß es ein andrer als der Ruprecht war,

So mag meintwegen sie – ich mag nicht sagen, was.
Ich aber, ich versichr' es Euch, Herr Richter,
Und kann ich gleich nicht, daß sies schwor, behaupten,
Daß sies gesagt hat gestern, das beschwör *ich,*
Und Joseph und Maria ruf ich an.

ADAM: Nun weiter will ja auch die Jungfer –

WALTER: Herr Richter!

ADAM: Euer Gnaden? – Was sagt er? – Nicht, Herzens-Evchen?

FRAU MARTHE: Heraus damit! Hast dus mir nicht gesagt?
Hast dus mir gestern nicht, mir nicht gesagt?

EVE: Wer leugnet Euch, daß ichs gesagt –

ADAM: Da habt ihrs.

RUPRECHT: Die Metze, die!

ADAM: Schreibt auf.

VEIT: Pfui, schäm Sie sich.

WALTER: Von Eurer Aufführung, Herr Richter Adam,
Weiß ich nicht, was ich denken soll. Wenn Ihr selbst
Den Krug zerschlagen hättet, könntet Ihr
Von Euch ab den Verdacht nicht eifriger
Hinwälzen auf den jungen Mann, als jetzt. –
Ihr setzt nicht mehr ins Protokoll, Herr Schreiber,
Als nur der Jungfer Eingeständnis, hoff ich,
Vom gestrigen Geständnis, nicht vom Fakto.
– Ists an die Jungfer jetzt schon auszusagen?

ADAM: Mein Seel, wenns ihre Reihe noch nicht ist,
In solchen Dingen irrt der Mensch, Euer Gnaden.
Wen hätt ich fragen sollen jetzt? Beklagten?
Auf Ehr! Ich nehme gute Lehre an.

WALTER: Wie unbefangen! – Ja, fragt den Beklagten.
Fragt, macht ein Ende, fragt, ich bitt Euch sehr:
Dies ist die letzte Sache, die Ihr führt.

ADAM: Die letzte! Was! Ei freilich! Den Beklagten!
Wohin auch, alter Richter, dachtest du?
Verflucht, das pipsge Perlhuhn mir! Daß es
Krepiert wär an der Pest in Indien!
Stets liegt der Kloß von Nudeln mir im Sinn.

WALTER:
Was liegt? Was für ein Kloß liegt Euch –?

ADAM: Der Nudelkloß,
Verzeiht, den ich dem Huhne geben soll.
Schluckt mir das Aas die Pille nicht herunter,
Mein Seel, so weiß ich nicht, wies werden wird.
WALTER: Tut Eure Schuldigkeit, sag ich, zum Henker!
ADAM: Beklagter trete vor.
RUPRECHT: Hier, Herr Dorfrichter.
Ruprecht, Veits des Kossäten[21] Sohn, aus Huisum.
ADAM: Vernahm Er dort, was vor Gericht soeben
Frau Marthe gegen Ihn hat angebracht?
RUPRECHT: Ja, Herr Dorfrichter, das hab ich.
ADAM: Getraut Er sich
Etwas dagegen aufzubringen, was?
Bekennt Er, oder unterfängt Er sich,
Hier wie ein gottvergeßner Mensch zu leugnen?
RUPRECHT: Was ich dagegen aufzubringen habe,
Herr Richter? Ei! Mit Euerer Erlaubnis,
Daß sie kein wahres Wort gesprochen hat.
ADAM: So? Und das denkt Er zu beweisen?
RUPRECHT: O ja.
ADAM: Die würdige Frau Marthe, die.
Beruhige Sie sich. Es wird sich finden.
WALTER: Was geht Ihm die Frau Marthe an, Herr Richter?
ADAM:
Was mir –? Bei Gott! Soll ich als Christ –?
WALTER: Bericht
Er, was Er für sich anzuführen hat. –
Herr Schreiber, wißt Ihr den Prozeß zu führen?
ADAM: Ach, was!
LICHT: Ob ich – ei nun, wenn Euer Gnaden –
ADAM: Was glotzt Er da? Was hat Er aufzubringen?
Steht nicht der Esel, wie ein Ochse, da?
Was hat Er aufzubringen?
RUPRECHT: Was ich aufzubringen?
WALTER: Er ja. Er soll den Hergang jetzt erzählen.
RUPRECHT:
Mein Seel, wenn man zu Wort mich kommen ließe.

---

(21)* Tagelöhner.

WALTER: 's ist in der Tat, Herr Richter, nicht zu dulden.
RUPRECHT: Glock zehn Uhr mocht es etwa sein zu Nacht, –
Und warm just diese Nacht des Januars
Wie Mai, – als ich zum Vater sage: Vater!
Ich will ein bissel noch zur Eve gehn.
Denn heuren wollt ich sie, das müßt ihr wissen,
Ein rüstig Mädel ists, ich habs beim Ernten
Gesehn, wo alles von der Faust ihr ging,
Und ihr das Heu man flog, als wie gemaust.
Da sagt' ich: willst du? Und sie sagte: ach!
Was du da gakelst. – Und nachher sagt' sie, ja.
ADAM: Bleib Er bei seiner Sache. Gakeln! Was!
Ich sagte, willst du? Und sie sagte, ja.
RUPRECHT:
Ja, meiner Treu, Herr Richter.
WALTER: Weiter! Weiter!
RUPRECHT: Nun –
Da sagt ich: Vater, hört Er? Laß er mich.
Wir schwatzen noch am Fenster was zusammen.
Na, sagt er, lauf; bleibst du auch draußen, sagt er?
Ja, meiner Seel, sag ich, das ist geschworen.
Na, sagt er, lauf, um eilfe bist du hier.
ADAM: Na, so sag du, und gakle, und kein Ende.
Na, hat er bald sich ausgesagt?
RUPRECHT: Na, sag ich,
Das ist ein Wort, und setz die Mütze auf,
Und geh; und übern Steig will ich, und muß
Durchs Dorf zurückgehn, weil der Bach geschwollen.
Ei, alle Wetter, denk ich, Ruprecht, Schlag!
Nun ist die Gartentür bei Marthens zu:
Denn bis um zehn läßt 's Mädel sie nur offen,
Wenn ich um zehn nicht da bin, komm ich nicht.
ADAM: Die liederliche Wirtschaft, die.
WALTER: Drauf weiter?
RUPRECHT: Drauf – wie ich übern Lindengang mich näh're
Bei Marthens, wo die Reihen dicht gewölbt,
Und dunkel, wie der Dom zu Utrecht sind,
Hör ich die Gartentüre fernher knarren.
Sieh da! Da ist die Eve noch! sag ich,

Und schicke freudig Euch, von wo die Ohren
Mir Kundschaft brachten, meine Augen nach –
– Und schelte sie, da sie mir wiederkommen,
Für blind, und schicke auf der Stelle sie
Zum zweitenmal, sich besser umzusehen,
Und schimpfe sie nichtswürdige Verleumder,
Aufhetzer, niederträchtge Ohrenbläser,
Und schicke sie zum drittenmal, und denke,
Sie werden, weil sie ihre Pflicht getan,
Unwillig los sich aus dem Kopf mir reißen,
Und sich in einen andern Dienst begeben:
Die Eve ists, am Latz erkenn ich sie,
Und einer ists noch obendrein.

ADAM: So? Einer noch? Und wer, Er Klugschwätzer?

RUPRECHT:
Wer? Ja, mein Seel, da fragt Ihr mich –

ADAM: Nun also!
Und nicht gefangen, denk ich, nicht gehangen.

WALTER: Fort! Weiter in der Rede! Laßt ihn doch!
Was unterbrecht Ihr ihn, Herr Dorfrichter?

RUPRECHT:
Ich kann das Abendmahl darauf nicht nehmen,
Stockfinster wars, und alle Katzen grau.
Doch müßt Ihr wissen, daß der Flickschuster,
Der Lebrecht, den man kürzlich losgesprochen,
Dem Mädel längst mir auf die Fährte ging.
Ich sagte vorgen Herbst schon: Eve, höre,
Der Schuft schleicht mir ums Haus, das mag ich nicht;
Sag ihm, daß du kein Braten bist für ihn,
Mein Seel, sonst werf ich ihn vom Hof herunter.
Die spricht, ich glaub, du schierst mich, sagt ihm was,
Das ist nicht hin, nicht her, nicht Fisch, nicht Fleisch:
Drauf geh ich hin, und werf den Schlingel herunter.

ADAM: So? Lebrecht heißt der Kerl?

RUPRECHT: Ja, Lebrecht.

ADAM: Gut.
Das ist ein Nam. Es wird sich alles finden.
– Habt Ihrs bemerkt im Protokoll, Herr Schreiber?

LICHT: O ja, und alles andere, Herr Richter.

ADAM:
Sprich weiter, Ruprecht, jetzt, mein Sohn.
RUPRECHT: Nun schießt,
Da ich Glock eilf das Pärchen hier begegne,
– Glock zehn Uhr zog ich immer ab – das Blatt mir[22].
Ich denke, halt, jetzt ists noch Zeit, o Ruprecht,
Noch wachsen dir die Hirschgeweihe[23] nicht: –
Hier mußt du sorgsam dir die Stirn befühlen,
Ob dir von fern hornartig etwas keimt.
Und drücke sacht mich durch die Gartenpforte,
Und berg in einen Strauch von Taxus mich:
Und hör Euch ein Gefispre hier, ein Scherzen,
Ein Zerren hin, Herr Richter, Zerren her,
Mein Seel, ich denk, ich soll vor Lust –
EVE: Du Böswicht!
Was das, o, schändlich ist von dir!
FRAU MARTHE: Halunke! –
Dir weis ich noch einmal, wenn wir allein sind,
Die Zähne! Wart! Du weißt noch nicht, wo mir
Die Haare wachsen! Du sollsts erfahren!
RUPRECHT: Ein Viertelstündchen dauerts so, ich denke,
Was wirds doch werden, ist doch heut nicht Hochzeit?
Und eh ich den Gedanken ausgedacht,
Husch! sind sie beid ins Haus schon, vor dem Pastor.
EVE: Geht, Mutter, mag es werden, wie es will –
ADAM: Schweig du mir dort, rat ich, das Donnerwetter
Schlägt über dich ein, unberufne Schwätzerin!
Wart, bis ich auf zur Red dich rufen werde.
WALTER:
Sehr sonderbar, bei Gott!
RUPRECHT: Jetzt hebt, Herr Richter Adam,
Jetzt hebt sichs, wie ein Blutsturz, mir. Luft!
Da mir der Knopf am Brustlatz springt: Luft jetzt!
Und reiße mir den Latz auf: Luft jetzt sag ich!
Und geh, und drück, und tret und donnere,

(22)* Nun schießt das Blatt (= Zwerchfell, das frühneuhochdeutsch ›Herzblatt‹ hieß): mir geht ein Licht auf.

(23)* Zeichen des betrogenen Liebhabers.

Da ich der Dirne Tür verriegelt finde,
Gestemmt, mit Macht, auf einen Tritt, sie ein.
ADAM: Blitzjunge, du!
RUPRECHT: Just da sie auf jetzt rasselt,
Stürzt dort der Krug vom Sims ins Zimmer hin,
Und husch! springt einer aus dem Fenster Euch:
Ich seh die Schöße noch vom Rocke wehn.
ADAM: War das der Leberecht?
RUPRECHT: Wer sonst, Herr Richter?
Das Mädchen steht, die werf ich übern Haufen,
Zum Fenster eil ich hin, und find den Kerl
Noch in den Pfählen hangen, am Spalier,
Wo sich das Weinlaub aufrankt bis zum Dach.
Und da die Klinke in der Hand mir blieb,
Als ich die Tür eindonnerte, so reiß ich
Jetzt mit dem Stahl eins pfundschwer übern Detz[24] ihm:
Den just, Herr Richter, konnt ich noch erreichen.
ADAM: Wars eine Klinke?
RUPRECHT: Was?
ADAM: Obs –
RUPRECHT: Ja, die Türklinke.
ADAM: Darum.
LICHT: Ihr glaubtet wohl, es war ein Degen?
ADAM: Ein Degen? Ich – wieso?
RUPRECHT: Ein Degen!
LICHT: Je nun!
Man kann sich wohl verhören. Eine Klinke
Hat sehr viel Ähnlichkeit mit einem Degen.
ADAM: Ich glaub –!
LICHT: Bei meiner Treu! Der Stiel, Herr Richter?
ADAM: Der Stiel!
RUPRECHT: Der Stiel! Der wars nun aber nicht.
Der Klinke umgekehrtes Ende wars.
ADAM: Das umgekehrte Ende wars der Klinke!
LICHT: So! So!
RUPRECHT: Doch auf dem Griffe lag ein Klumpen

(24)* märkisch: Kopf.

Blei, wie ein Degengriff, das muß ich sagen.
ADAM: Ja, wie ein Griff.
LICHT: Gut. Wie ein Degengriff.
Doch irgend eine tücksche Waffe mußt es
Gewesen sein. Das wußt ich wohl.
WALTER: Zur Sache stets, ihr Herren, doch! Zur Sache!
ADAM: Nichts als Allotrien, Herr Schreiber! – Er, weiter!
RUPRECHT:
Jetzt stürzt der Kerl, und ich schon will mich wenden,
Als ichs im Dunkeln auf sich rappeln sehe.
Ich denke, lebst du noch? und steig aufs Fenster
Und will dem Kerl das Gehen unten legen:
Als jetzt, ihr Herrn, da ich zum Sprung just aushol,
Mir eine Handvoll grobgekörnten Sandes –
– Und Kerl und Nacht und Welt und Fensterbrett,
Worauf ich steh, denk ich nicht, straf mich Gott,
Das alles fällt in einen Sack zusammen –
Wie Hagel, stiebend, in die Augen fliegt.
ADAM:
Verflucht! Sieh da! Wer tat das?
RUPRECHT: Wer? Der Lebrecht.
ADAM: Halunke!
RUPRECHT: Meiner Treu! Wenn ers gewesen.
ADAM: Wer sonst!
RUPRECHT: Als stürzte mich ein Schloßenregen
Von eines Bergs zehn Klaftern hohen Abhang,
So schlag ich jetzt vom Fenster Euch ins Zimmer:
Ich denk, ich schmettere den Boden ein.
Nun brech ich mir den Hals doch nicht, auch nicht
Das Kreuz mir, Hüften, oder sonst, inzwischen
Konnt ich des Kerls doch nicht mehr habhaft werden,
Und sitze auf, und wische mir die Augen.
Die kommt, und ach, Herr Gott! ruft sie, und Ruprecht!
Was ist dir auch? Mein Seel, ich hob den Fuß,
Gut wars, daß ich nicht sah, wohin ich stieß.
ADAM: Kam das vom Sande noch?
RUPRECHT: Vom Sandwurf, ja.
ADAM: Verdammt! Der traf!
RUPRECHT: Da ich jetzt aufersteh,

Was sollt ich auch die Fäuste hier mir schänden?
So schimpf ich sie, und sage liederliche Metze,
Und denke, das ist gut genug für sie.
Doch Tränen, seht, ersticken mir die Sprache.
Denn da Frau Marthe jetzt ins Zimmer tritt,
Die Lampe hebt, und ich das Mädchen dort
Jetzt schlotternd, zum Erbarmen, vor mir sehe,
Sie, die so herzhaft sonst wohl um sich sah,
So sag ich zu mir, blind ist auch nicht übel.
Ich hätte meine Augen hingegeben,
Knippkügelchen, wer will, damit zu spielen.

EVE: Er ist nicht wert, der Böswicht –

ADAM: Sie soll schweigen!

RUPRECHT: Das Weitre wißt ihr.

ADAM: Wie, das Weitere?

RUPRECHT: Nun ja, Frau Marthe kam, und geiferte,
Und Ralf, der Nachbar, kam, und Hinz, der Nachbar,
Und Muhme Sus und Muhme Liese kamen,
Und Knecht und Mägd und Hund und Katzen kamen,
's war ein Spektakel, und Frau Marthe fragte
Die Jungfer dort, wer ihr den Krug zerschlagen,
Und die, die sprach, ihr wißts, daß ichs gewesen.
Mein Seel, sie hat so unrecht nicht, ihr Herren.
Den Krug, den sie zu Wasser trug, zerschlug ich,
Und der Flickschuster hat im Kopf ein Loch. –

ADAM: Frau Marthe! Was entgegnet Ihr der Rede?
Sagt an!

FRAU MARTHE:
Was ich der Red entgegene?
Daß sie, Herr Richter, wie der Marder einbricht,
Und Wahrheit wie ein gakelnd Huhn erwürgt.
Was Recht liebt, sollte zu den Keulen greifen,
Um dieses Ungetüm der Nacht zu tilgen.

ADAM: Da wird Sie den Beweis uns führen müssen.

FRAU MARTHE:
O ja, sehr gern. – Hier ist mein Zeuge. – Rede!

ADAM:
Die Tochter? Nein, Frau Marthe.

WALTER: Nein? Warum nicht?

ADAM: Als Zeugin, gnädger Herr? Steht im Gesetzbuch
Nicht titulo, ists quarto? oder quinto?[25]
Wenn Krüge oder sonst, was weiß ich?
Von jungen Bengeln sind zerschlagen worden,
So zeugen Töchter ihren Müttern nicht?
WALTER: In Eurem Kopf liegt Wissenschaft und Irrtum
Geknetet, innig, wie ein Teig zusammen;
Mit jedem Schnitte gebt Ihr mir von beidem.
Die Jungfer zeugt noch nicht, sie deklariert jetzt;
Ob, und für wen, sie zeugen will und kann,
Wird erst aus der Erklärung sich ergeben.
ADAM: Ja, deklarieren. Gut. Titulo sexto.[26]
Doch was sie sagt, das glaubt man nicht.
WALTER:
Tritt vor, mein junges Kind.
ADAM: He! Lies' –! – Erlaubt!
Die Zunge wird sehr trocken mir – Margrete!

Achter Auftritt

Eine MAGD *tritt auf. Die Vorigen.*

ADAM:
Ein Glas mit Wasser! –
DIE MAGD: Gleich! *Ab.*
ADAM: Kann ich Euch gleichfalls –?
WALTER: Ich danke.
ADAM: Franz? oder Mos'ler? Was Ihr wollt.
WALTER *verneigt sich; die Magd bringt Wasser und entfernt sich.*

---

(25)* im vierten oder fünften Kapitel.
(26)* im sechsten Kapitel.

Neunter Auftritt

WALTER. ADAM. FRAU MARTHE *usw. ohne die Magd.*

ADAM: – Wenn ich freimütig reden darf, Ihr Gnaden,
Die Sache eignet gut sich zum Vergleich.
WALTER:
Sich zum Vergleich? Das ist nicht klar, Herr Richter.
Vernünftge Leute können sich vergleichen;
Doch wie *Ihr* den Vergleich schon wollt bewirken,
Da noch durchaus die Sache nicht entworren,
Das hätt ich wohl von Euch zu hören Lust.
Wie denkt Ihrs anzustellen, sagt mir an?
Habt Ihr ein Urteil schon gefaßt?
ADAM: Mein Seel!
Wenn ich, da das Gesetz im Stich mich läßt,
Philosophie zu Hülfe nehmen soll,
So wars – der Leberecht –
WALTER: Wer?
ADAM: Oder Ruprecht –
WALTER: Wer?
ADAM: Oder Lebrecht, der den Krug zerschlug.
WALTER: Wer also wars? Der Lebrecht oder Ruprecht?
Ihr greift, ich seh, mit Eurem Urteil ein,
Wie eine Hand in einen Sack voll Erbsen.
ADAM:
Erlaubt!
WALTER: Schweigt, schweigt, ich bitt Euch.
ADAM: Wie ihr wollt.
Auf meine Ehr, mir wärs vollkommen recht,
Wenn sie es alle beid gewesen wären.
WALTER: Fragt dort, so werdet Ihrs erfahren.
ADAM: Sehr gern.
Doch wenn Ihrs herausbekommt, bin ich ein Schuft.
– Habt Ihr das Protokoll da in Bereitschaft?
LICHT: Vollkommen.
ADAM: Gut.
LICHT: Und brech ein eignes Blatt mir,
Begierig, was darauf zu stehen kommmt.

ADAM:
Ein eignes Blatt? Auch gut.
WALTER: Sprich dort, mein Kind.
ADAM: Sprich, Evchen, hörst du, sprich, Jungfer Evchen!
Gib Gotte, hörst du, Herzchen, gib, mein Seel,
Ihm und der Welt, gib ihm was von der Wahrheit.
Denk, daß du hier vor Gottes Richtstuhl bist,
Und daß du deinen Richter nicht mit Leugnen,
Und Plappern, was zur Sache nicht gehört,
Betrüben mußt. Ach, was! Du bist vernünftig.
Ein Richter immer, weißt du, ist ein Richter,
Und einer braucht ihn heut, und einer morgen.
Sagst du, daß es der Lebrecht war: nun gut;
Und sagst du, daß es Ruprecht war: auch gut!
Sprich so, sprich so, ich bin kein ehrlicher Kerl,
Es wird sich alles, wie dus wünschest, finden.
Willst du mir hier von einem andern trätschen,
Und dritten etwa, dumme Namen nennen:
Sieh, Kind, nimm dich in acht, ich sag nichts weiter.
In Huisum, hols der Henker, glaubt dirs keiner,
Und keiner, Evchen, in den Niederlanden,
Du weißt, die weißen Wände zeugen nicht,
Der auch wird zu verteidigen sich wissen:
Und deinen Ruprecht holt die Schwerenot!
WALTER: Wenn Ihr doch Eure Reden lassen wolltet.
Geschwätz, gehauen nicht und nicht gestochen.
ADAM: Verstehens Euer Gnaden nicht?
WALTER: Macht fort!
Ihr habt zulängst hier auf dem Stuhl gesprochen.
ADAM: Auf Ehr! Ich habe nicht studiert, Euer Gnaden.
Bin ich euch Herrn aus Utrecht nicht verständlich,
Mit diesem Volk vielleicht verhält sich anders:
Die Jungfer weiß, ich wette, was ich will.
FRAU MARTHE:
Was soll das? Dreist heraus jetzt mit der Sprache!
EVE: O liebste Mutter!
FRAU MARTHE: Du –! Ich rate dir!
RUPRECHT:
Mein Seel, 's ist schwer, Frau Marthe, dreist zu sprechen,

Wenn das Gewissen an der Kehl uns sitzt.
ADAM:
Schweig Er jetzt, Nasweis, mucks Er nicht.
FRAU MARTHE: Wer wars?
EVE: O Jesus!
FRAU MARTHE: Maulaffe, der! Der niederträchtige!
O Jesus! Als ob sie eine Hure wäre.
Wars der Herr Jesus?
ADAM: Frau Marthe! Unvernunft!
Was das für –! Laß Sie die Jungfer doch gewähren!
Das Kind einschrecken – Hure – Schafsgesicht!
So wirds uns nichts. Sie wird sich schon besinnen.
RUPRECHT: O ja, besinnen.
ADAM: Flaps dort, schweig Er jetzt.
RUPRECHT: Der Flickschuster wird ihr schon einfallen.
ADAM: Der Satan! Ruft den Büttel! He! Hanfriede!
RUPRECHT:
Nun, nun! Ich schweig, Herr Richter, laßts nur sein.
Sie wird Euch schon auf meinen Namen kommen.
FRAU MARTHE:
Hör du, mach mir hier kein Spektakel, sag ich.
Hör, neunundvierzig bin ich alt geworden
In Ehren: funfzig möcht ich gern erleben.
Den dritten Februar ist mein Geburtstag;
Heut ist der erste. Mach es kurz. Wer wars?
ADAM: Gut, meinethalben! Gut, Frau Marthe Rull!
FRAU MARTHE:
Der Vater sprach, als er verschied: Hör, Marthe,
Dem Mädel schaff mir einen wackern Mann;
Und wird sie eine liederliche Metze,
So gib dem Totengräber einen Groschen,
Und laß mich wieder auf den Rücken legen:
Mein Seel, ich glaub, ich kehr im Grab mich um.
ADAM: Nun, das ist auch nicht übel.
FRAU MARTHE: Willst du Vater
Und Mutter jetzt, mein Evchen, nach dem vierten
Gebot hoch ehren, gut, so sprich: in meine Kammer
Ließ ich den Schuster, oder einen dritten,
Hörst du? Der Bräutgam aber war es nicht.

RUPRECHT:
Sie jammert mich. Laßt doch den Krug, ich bitt Euch;
Ich will'n nach Utrecht tragen. Solch ein Krug –
Ich wollt ich hätt ihn nur entzwei geschlagen.
EVE: Unedelmütger, du! Pfui, schäme dich,
Daß du nicht sagst, gut, ich zerschlug den Krug!
Pfui, Ruprecht, pfui, o schäme dich, daß du
Mir nicht in meiner Tat vertrauen kannst.
Gab ich die Hand dir nicht und sagte, ja,
Als du mich fragtest, Eve, willst du mich?
Meinst du, daß du den Flickschuster nicht wert bist?
Und hättest du durchs Schlüsselloch mich mit
Dem Lebrecht aus dem Kruge trinken sehen,
Du hättest denken sollen: Ev ist brav,
Es wird sich alles ihr zum Ruhme lösen,
Und ists im Leben nicht, so ist es jenseits,
Und wenn wir auferstehn ist auch ein Tag.
RUPRECHT: Mein Seel, das dauert mir zu lange, Evchen.
Was ich mit Händen greife, glaub ich gern.
EVE: Gesetzt, es wäre der Leberecht gewesen,
Warum – des Todes will ich ewig sterben,
Hätt ichs dir Einzigem nicht gleich vertraut;
Jedoch warum vor Nachbarn, Knecht' und Mägden –
Gesetzt, ich hätte Grund, es zu verbergen,
Warum, o Ruprecht, sprich, warum nicht sollt ich,
Auf dein Vertraun hin sagen, daß dus warst?
Warum nicht sollt ichs? Warum sollt ichs nicht?
RUPRECHT: Ei, so zum Henker, sags, es ist mir recht,
Wenn du die Fiedel dir ersparen kannst.
EVE: O du Abscheulicher! Du Undankbarer!
Wert, daß ich mir die Fiedel spare! Wert,
Daß ich mit einem Wort zu Ehren mich,
Und dich in ewiges Verderben bringe.
WALTER:
Nun –? Und dies einzge Wort –? Halt uns nicht auf.
Der Ruprecht also war es nicht?
EVE: Nein, gnädger Herr, weil ers denn selbst so will,
Um seinetwillen nur verschwieg ich es:
Den irdnen Krug zerschlug der Ruprecht nicht,

Wenn ers Euch selber leugnet, könnt Ihrs glauben.
FRAU MARTHE:
Eve! Der Ruprecht nicht?
EVE: Nein, Mutter, nein!
Und wenn ichs gestern sagte, wars gelogen.
FRAU MARTHE: Hör, dir zerschlag ich alle Knochen!
Sie setzt den Krug nieder.
EVE: Tut, was Ihr wollt.
WALTER *drohend:* Frau Marthe!
ADAM: He! Der Büttel! –
Schmeißt sie heraus dort, die verwünschte Vettel!
Warum solls Ruprecht just gewesen sein?
Hat Sie das Licht dabei gehalten, was?
Die Jungfer, denk ich, wird es wissen müssen:
Ich bin ein Schelm, wenns nicht der Lebrecht war.
FRAU MARTHE:
War es der Lebrecht etwa? Wars der Lebrecht?
ADAM:
Sprich, Evchen, wars der Lebrecht nicht, mein Herzchen?
EVE: Er Unverschämter, Er! Er Niederträchtger!
Wie kann Er sagen, daß es Lebrecht –
WALTER: Jungfer!
Was untersteht Sie sich? Ist das mir der
Respekt, den Sie dem Richter schuldig ist?
EVE: Ei, was! Der Richter dort! Wert, selbst vor dem
Gericht, ein armer Sünder, dazustehn –
– Er, der wohl besser weiß, wer es gewesen!
Sich zum Dorfrichter wendend:
Hat Er den Lebrecht in die Stadt nicht gestern
Geschickt nach Utrecht, vor die Kommission,
Mit dem Attest, die die Rekruten aushebt?
Wie kann Er sagen, daß es Lebrecht war,
Wenn Er wohl weiß, daß der in Utrecht ist?
ADAM:
Nun wer denn sonst? Wenns Lebrecht nicht, zum Henker –
Nicht Ruprecht ist, nicht Lebrecht ist – – Was machst du?
RUPRECHT:
Mein Seel, Herr Richter Adam, laßt Euch sagen,
Hierin mag doch die Jungfer just nicht lügen,

Dem Lebrecht bin ich selbst begegnet gestern,
Als er nach Utrecht ging, früh wars Glock acht,
Und wenn er auf ein Fuhrwerk sich nicht lud,
Hat sich der Kerl, krummbeinig wie er ist,
Glock zehn Uhr nachts noch nicht zurück gehaspelt.
Es kann ein dritter wohl gewesen sein.

ADAM: Ach, was! Krummbeinig! Schafsgesicht! Der Kerl
Geht seinen Stiefel, der, trotz einem.
Ich will von ungespaltnem Leibe sein,
Wenn nicht ein Schäferhund von mäßger Größe
Muß seinen Trab gehn, mit ihm fortzukommen.

WALTER:
Erzähl den Hergang uns.

ADAM: Verzeihn Euer Gnaden!
Hierauf wird Euch die Jungfer schwerlich dienen.

WALTER:
Nicht dienen? Mir nicht dienen? Und warum nicht?

ADAM: Ein twatsches[27] Kind. Ihr sehts. Gut, aber twatsch.
Blutjung, gefirmelt kaum; das schämt sich noch,
Wenns einen Bart von weitem sieht. So'n Volk,
Im Finstern leiden sies, und wenn es Tag wird,
So leugnen sies vor ihrem Richter ab.

WALTER: Ihr seid sehr nachsichtsvoll, Herr Richter Adam,
Sehr mild, in allem, was die Jungfer angeht.

ADAM: Die Wahrheit Euch zu sagen, Herr Gerichtsrat,
Ihr Vater war ein guter Freund von mir.
Wollen Euer Gnaden heute huldreich sein,
So tun wir hier nicht mehr, als unsre Pflicht,
Und lassen seine Tochter gehn.

WALTER: Ich spüre große Lust in mir, Herr Richter,
Der Sache völlig auf den Grund zu kommen. –
Sei dreist, mein Kind; sag, wer den Krug zerschlagen.
Vor niemand stehst du, in dem Augenblick,
Der einen Fehltritt nicht verzeihen könnte.

EVE: Mein lieber, würdiger und gnädger Herr,
Erlaßt mir, Euch den Hergang zu erzählen.
Von dieser Weigrung denkt uneben nicht.

---

(27)* märkisch: töricht.

Es ist des Himmels wunderbare Fügung,
Die mir den Mund in dieser Sache schließt.
Daß Ruprecht jenen Krug nicht traf, will ich
Mit einem Eid, wenn Ihrs verlangt,
Auf heiligem Altar bekräftigen.
Jedoch die gestrige Begebenheit,
Mit jedem andern Zuge, ist mein eigen,
Und nicht das ganze Garnstück kann die Mutter,
Um eines einzgen Fadens willen, fordern,
Der, ihr gehörig, durchs Gewebe läuft.
Ich kann hier, wer den Krug zerschlug, nicht melden,
Geheimnisse, die nicht mein Eigentum,
Müßt ich, dem Kruge völlig fremd, berühren.
Früh oder spät will ichs ihr anvertrauen,
Doch hier das Tribunal ist nicht der Ort,
Wo sie das Recht hat, mich darnach zu fragen.

ADAM: Nein, Rechtens nicht. Auf meine Ehre nicht.
Die Jungfer weiß, wo unsre Zäume hängen.
Wenn sie den Eid hier vor Gericht will schwören,
So fällt der Mutter Klage weg:
Dagegen ist nichts weiter einzuwenden.

WALTER: Was sagt zu der Erklärung Sie, Frau Marthe?

FRAU MARTHE:
Wenn ich gleich was Erkleckliches nicht aufbring,
Gestrenger Herr, so glaubt, ich bitt Euch sehr,
Daß mir der Schlag bloß jetzt die Zunge lähmte.
Beispiele gibts, daß ein verlorner Mensch,
Um vor der Welt zu Ehren sich zu bringen,
Den Meineid vor dem Richterstuhle wagt; doch daß
Ein falscher Eid sich schwören kann, auf heilgem
Altar, um an den Pranger hinzukommen,
Das heut erfährt die Welt zum erstenmal.
Wär, daß ein andrer, als der Ruprecht, sich
In ihre Kammer gestern schlich, gegründet,
Wärs überall nur möglich, gnädger Herr,
Versteht mich wohl, – so säumt ich hier nicht länger.
Den Stuhl setzt ich, zur ersten Einrichtung,
Ihr vor die Tür, und sagte, geh, mein Kind,
Die Welt ist weit, da zahlst du keine Miete,

Und lange Haare hast du auch geerbt,
Woran du dich, kommt Zeit, kommt Rat, kannst hängen.

WALTER: Ruhig, ruhig, Frau Marthe.

FRAU MARTHE: Da ich jedoch
Hier den Beweis noch anders führen kann,
Als bloß durch sie, die diesen Dienst mir weigert,
Und überzeugt bin völlig, daß nur er
Mir, und kein anderer, den Krug zerschlug,
So bringt die Lust, es kurzhin abzuschwören,
Mich noch auf einen schändlichen Verdacht.
Die Nacht von gestern birgt ein anderes
Verbrechen noch, als bloß die Krugverwüstung.
Ich muß Euch sagen, gnädger Herr, daß Ruprecht
Zur Konskription gehört, in wenig Tagen
Soll er den Eid zur Fahn in Utrecht schwören.
Die jungen Landessöhne reißen aus.
Gesetzt, er hätte gestern nacht gesagt:
Was meinst du, Evchen? Komm. Die Welt ist groß.
Zu Kist' und Kasten hast du ja die Schlüssel –
Und sie, sie hätt ein wenig sich gesperrt:
So hätte ohngefähr, da ich sie störte,
– Bei ihm aus Rach, aus Liebe noch bei ihr –
Der Rest, so wie geschehn, erfolgen können.

RUPRECHT: Das Rabenaas! Was das für Reden sind!
Zu Kist' und Kasten –

WALTER: Still!

EVE: Er, austreten!

WALTER: Zur Sache hier. Vom Krug ist hier die Rede. –
Beweis, Beweis, daß Ruprecht ihn zerbrach!

FRAU MARTHE:
Gut, gnädger Herr. Erst will ich hier beweisen,
Daß Ruprecht mir den Krug zerschlug,
Und dann will ich im Hause untersuchen. –
Seht, eine Zunge, die mir Zeugnis redet,
Bring ich für jedes Wort auf, das er sagte,
Und hätt in Reihen gleich sie aufgeführt,
Wenn ich von fern geahndet nur, daß diese
Die ihrige für mich nicht brauchen würde.
Doch wenn ihr Frau Brigitte jetzo ruft,

Die ihm die Muhm ist, so genügt mir die,
Weil die den Hauptpunkt just bestreiten wird.
Denn die, die hat Glock halb auf eilf im Garten,
Merkt wohl, bevor der Krug zertrümmert worden,
Wortwechselnd mit der Ev ihn schon getroffen;
Und wie die Fabel, die er aufgestellt,
Vom Kopf zu Fuß dadurch gespalten wird,
Durch diese einzge Zung, ihr hohen Richter:
Das überlaß ich selbst euch einzusehn.
RUPRECHT:
Wer hat mich –?
VEIT: Schwester Briggy?
RUPRECHT: Mich mit Ev? Im Garten?
FRAU MARTHE: Ihn mit der Ev, im Garten, Glock halb eilf,
Bevor er noch, wie er geschwätzt, um eilf
Das Zimmer überrumpelnd eingesprengt:
Im Wortgewechsel, kosend bald, bald zerrend,
Als wollt er sie zu etwas überreden.
ADAM *für sich:* Verflucht! Der Teufel ist mir gut.
WALTER: Schafft diese Frau herbei.
RUPRECHT: Ihr Herrn, ich bitt euch:
Das ist kein wahres Wort, das ist nicht möglich.
ADAM: O wart, Halunke! – He! Der Büttel! Hanfried! –
Denn auf der Flucht zerschlagen sich die Krüge –
– Herr Schreiber, geht, schafft Frau Brigitt herbei!
VEIT: Hör, du verfluchter Schlingel, du, was machst du?
Dir brech ich alle Knochen noch.
RUPRECHT: Weshalb auch?
VEIT: Warum verschwiegst du, daß du mit der Dirne
Glock halb auf eilf im Garten schon scharwenzt?
Warum verschwiegst dus?
RUPRECHT: Warum ichs verschwieg?
Gotts Schlag und Donner, weils nicht wahr ist, Vater!
Wenn das die Muhme Briggy zeugt, so hängt mich.
Und bei den Beinen sie meinthalb dazu.
VEIT: *Wenn* aber sies bezeugt – nimm dich in acht!
Du und die saubre Jungfer Eve dort,
Wie ihr auch vor Gericht euch stellt, ihr steckt
Doch unter einer Decke noch. ’s ist irgend

Ein schändliches Geheimnis noch, von dem
Sie weiß, und nur aus Schonung hier nichts sagt.
RUPRECHT:
Geheimnis! Welches?
VEIT: Warum hast du eingepackt?
He? Warum hast du gestern abend eingepackt?
RUPRECHT: Die Sachen?
VEIT: Röcke, Hosen, ja, und Wäsche;
Ein Bündel, wies ein Reisender just auf
Die Schultern wirft?
RUPRECHT: Weil ich nach Utrecht soll!
Weil ich zum Regiment soll! Himmel-Donner –!
Glaubt Er, daß ich –?
VEIT: Nach Utrecht? Ja, nach Utrecht!
Du hast geeilt, nach Utrecht hinzukommen!
Vorgestern wußtest du noch nicht, ob du
Den fünften oder sechsten Tag wirst reisen.
WALTER: Weiß Er zur Sache was zu melden, Vater?
VEIT: – Gestrenger Herr, ich will noch nichts behaupten.
Ich war daheim, als sich der Krug zerschlug,
Und auch von einer andern Unternehmung
Hab ich, die Wahrheit zu gestehn, noch nichts,
Wenn ich jedweden Umstand wohl erwäge,
Das meinen Sohn verdächtig macht, bemerkt.
Von seiner Unschuld völlig überzeugt,
Kam ich hieher, nach abgemachtem Streit
Sein ehelich Verlöbnis aufzulösen,
Und ihm das Silberkettlein einzufordern,
Zusamt dem Schaupfennig, den er der Jungfer
Bei dem Verlöbnis vorgen Herbst verehrt.
Wenn jetzt von Flucht was, und Verräterei
An meinem grauen Haar zutage kommt,
So ist mir das so neu, ihr Herrn, als euch:
Doch dann der Teufel soll den Hals ihm brechen.
WALTER: Schafft Frau Brigitt herbei, Herr Richter Adam.
ADAM: – Wird Euer Gnaden diese Sache nicht
Ermüden? Sie zieht sich in die Länge.
Euer Gnaden haben meine Kassen noch,
Und die Registratur – Was ist die Glocke?

LICHT:
Es schlug soeben halb.
ADAM: Auf eilf!
LICHT: Verzeiht, auf zwölfe.
WALTER:
Gleichviel.
ADAM: Ich glaub, die Zeit ist, oder Ihr verrückt.
Er sieht nach der Uhr.
Ich bin kein ehrlicher Mann. – Ja, was befehlt Ihr?
WALTER: Ich bin der Meinung –
ADAM: Abzuschließen? Gut –!
WALTER: Erlaubt! Ich bin der Meinung, fortzufahren.
ADAM: Ihr seid der Meinung – Auch gut. Sonst würd ich
Auf Ehre, morgen früh, Glock neun, die Sache,
Zu Euerer Zufriedenheit beendgen.
WALTER: Ihr wißt um meinen Willen.
ADAM: Wie Ihr befehlt.
Herr Schreiber, schickt die Büttel ab; sie sollen
Sogleich ins Amt die Frau Brigitte laden.
WALTER:
Und nehmt Euch – Zeit, die mir viel wert, zu sparen –
Gefälligst selbst der Sach ein wenig an. *Licht ab.*

Zehnter Auftritt

Die Vorigen ohne Licht. Späterhin einige Mägde.

ADAM *aufstehend:*
Inzwischen könnte man, wenns so gefällig,
Vom Sitze sich ein wenig lüften –?
WALTER: Hm! O ja.
Was ich sagen wollt –
ADAM: Erlaubt Ihr gleichfalls,
Daß die Partein, bis Frau Brigitt erscheint –?
WALTER: Was? Die Partein?
ADAM: Ja, vor die Tür, wenn Ihr –
WALTER *für sich:* Verwünscht!

Laut: Herr Richter Adam, wißt Ihr was?
Gebt ein Glas Wein mir in der Zwischenzeit.
ADAM: Von ganzem Herzen gern. He! Margarete!
Ihr macht mich glücklich, gnädger Herr. – Margrete!
Die Magd tritt auf.
DIE MAGD: Hier.
ADAM: Was befehlt Ihr? – Tretet ab, ihr Leute.
Franz? – Auf den Vorsaal draußen. – Oder Rhein?
WALTER: Von unserm Rhein.
ADAM: Gut. – Bis ich rufe. Marsch!
WALTER: Wohin?
ADAM: Geh, vom versiegelten, Margrete. –
Was? Auf den Flur bloß draußen. – Hier. – Der Schlüssel.
WALTER:
Hm! Bleibt.
ADAM: Fort! Marsch, sag ich! – Geh, Margarete!
Und Butter, frisch gestampft, Käs auch aus Limburg,
Und von der fetten pommerschen Räuchergans.
WALTER:
Halt! Einen Augenblick! Macht nicht so viel
Umständ, ich bitt Euch sehr, Herr Richter.
ADAM: Schert
Zum Teufel euch, sag ich! Tu, wie ich sagte.
WALTER:
Schickt Ihr die Leute fort, Herr Richter?
ADAM: Euer Gnaden?
WALTER: Ob Ihr –?
ADAM: Sie treten ab, wenn Ihr erlaubt.
Bloß ab, bis Frau Brigitt erscheint.
Wie, oder solls nicht etwa –?
WALTER: Hm! Wie Ihr wollt.
Doch obs der Mühe sich verlohnen wird?
Meint Ihr, daß es so lange Zeit wird währen,
Bis man im Ort sie trifft?
ADAM: ’s ist heute Holztag,
Gestrenger Herr. Die Weiber größtenteils
Sind in den Fichten, Sträucher einzusammeln.
Es könnte leicht –

RUPRECHT: Die Muhme ist zu Hause.
WALTER:
Zu Haus. Laßt sein.
RUPRECHT: Die wird sogleich erscheinen.
WALTER:
Die wird uns gleich erscheinen. Schafft den Wein.
ADAM *für sich:*
Verflucht!
WALTER: Macht fort. Doch nichts zum Imbiß, bitt ich,
Als ein Stück trocknen Brodes nur, und Salz.
ADAM *für sich:* Zwei Augenblicke mit der Dirn allein –
Laut: Ach trocknes Brod! Was! Salz! Geht doch.
WALTER: Gewiß.
ADAM: Ei, ein Stück Käs aus Limburg mindstens. – Käse
Macht erst geschickt die Zunge, Wein zu schmecken.
WALTER: Gut. Ein Stück Käse denn, doch weiter nichts.
ADAM: So geh. Und weiß, von Damast, aufgedeckt.
Schlecht alles zwar, doch recht.
Die Magd ab. Das ist der Vorteil
Von uns verrufnen hagestolzen Leuten,
Daß wir, was andre, knapp und kummervoll,
Mit Weib und Kindern täglich teilen müssen,
Mit einem Freunde, zur gelegnen Stunde,
Vollauf genießen.
WALTER: Was ich sagen wollte –
Wie kamt Ihr doch zu Eurer Wund, Herr Richter?
Das ist ein böses Loch, fürwahr, im Kopf, das!
ADAM: – Ich fiel.
WALTER: Ihr fielt. Hm! So. Wann? Gestern abend?
ADAM: Heut, Glock halb sechs, verzeiht, am Morgen, früh,
Da ich soeben aus dem Bette stieg.
WALTER: Worüber?
ADAM: Über – gnädger Herr Gerichtsrat,
Die Wahrheit Euch zu sagen, über mich.
Ich schlug Euch häuptlings an den Ofen nieder,
Bis diese Stunde weiß ich nicht, warum?
WALTER: Von hinten?
ADAM: Wie? Von hinten –
WALTER: Oder vorn?

Ihr habt zwo Wunden, vorne ein' und hinten.
ADAM: Von vorn und hinten. – Margarete!
Die beiden Mägde mit Wein usw. Sie decken auf, und gehen wieder ab.
WALTER: Wie?
ADAM: Erst so, dann so. Erst auf die Ofenkante,
Die vorn die Stirn mir einstieß, und sodann
Vom Ofen rückwärts auf den Boden wieder,
Wo ich mir noch den Hinterkopf zerschlug.
Er schenkt ein.
Ists Euch gefällig?
WALTER *nimmt das Glas:*
Hättet Ihr ein Weib,
So würd ich wunderliche Dinge glauben,
Herr Richter.
ADAM: Wieso?
WALTER: Ja, bei meiner Treu,
So rings seh ich zerkritzt Euch und zerkratzt.
ADAM *lacht:* Nein, Gott sei Dank! Fraunnägel sind es nicht.
WALTER: Glaubs. Auch ein Vorteil noch der Hagestolzen.
ADAM *fortlachend:*
Strauchwerk für Seidenwürmer, das man trocknend
Mir an dem Ofenwinkel aufgesetzt. –
Auf Euer Wohlergehn!
Sie trinken.
WALTER: Und grad auch heut
Noch die Perücke seltsam einzubüßen!
Die hätt Euch Eure Wunden noch bedeckt.
ADAM: Ja, ja. Jedwedes Übel ist ein Zwilling. –
Hier – von dem fetten jetzt – kann ich –?
WALTER: Ein Stückchen.
Aus Limburg?
ADAM: Rect' aus Limburg, gnädger Herr.
WALTER: – Wie Teufel aber, sagt mir, ging das zu?
ADAM: Was?
WALTER: Daß Ihr die Perücke eingebüßt.
ADAM: Ja, seht. Ich sitz und lese gestern abend
Ein Aktenstück, und weil ich mir die Brille
Verlegt, duck ich so tief mich in den Streit,

Daß bei der Kerze Flamme lichterloh
Mir die Perücke angeht. Ich, ich denke,
Feu'r fällt vom Himmel auf mein sündig Haupt,
Und greife sie, und will sie von mir werfen;
Doch eh ich noch das Nackenband gelöst,
Brennt sie wie Sodom und Gomorrha schon.
Kaum daß ich die drei Haare noch mir rette.
WALTER: Verwünscht! Und Eure andr' ist in der Stadt.
ADAM: Bei dem Perückenmacher. – Doch zur Sache.
WALTER: Nicht allzurasch, ich bitt, Herr Richter Adam.
ADAM: Ei, was! Die Stunde rollt. Ein Gläschen. Hier.
Er schenkt ein.
WALTER:
Der Lebrecht – wenn der Kauz dort wahr gesprochen –
Er auch hat einen bösen Fall getan.
ADAM: Auf meine Ehr.
Er trinkt.
WALTER: Wenn hier die Sache,
Wie ich fast fürchte, unentworren bleibt,
So werdet Ihr, in Eurem Ort, den Täter
Leicht noch aus seiner Wund entdecken können.
Er trinkt.
Niersteiner?
ADAM: Was?
WALTER: Oder guter Oppenheimer?
ADAM: Nierstein. Sieh da! Auf Ehre! Ihr verstehts.
Aus Nierstein, gnädger Herr, als hätt ich ihn geholt.
WALTER: Ich prüft ihn, vor drei Jahren, an der Kelter.
Adam schenkt wieder ein.
– Wie hoch ist Euer Fenster? – Dort! Frau Marthe!
FRAU MARTHE:
Mein Fenster?
WALTER: Das Fenster jener Kammer, ja,
Worin die Jungfer schläft?
FRAU MARTHE: Die Kammer zwar
Ist nur vom ersten Stock, ein Keller drunter,
Mehr als neun Fuß das Fenster nicht vom Boden;
Jedoch die ganze, wohlerwogene
Gelegenheit sehr ungeschickt zum Springen.

Denn auf zwei Fuß steht von der Wand ein Weinstock,
Der seine knotgen Äste rankend hin
Durch ein Spalier treibt, längs der ganzen Wand:
Das Fenster selbst ist noch davon umstrickt.
Es würd ein Eber, ein gewaffneter,
Müh mit den Fängern haben, durchzubrechen.

ADAM: Es hing auch keiner drin. *Er schenkt sich ein.*

WALTER: Meint Ihr?

ADAM: Ach, geht!
Er trinkt.

WALTER *zu Ruprecht:* Wie traf Er denn den Sünder? Auf den Kopf?

ADAM: Hier.

WALTER: Laßt.

ADAM: Gebt her.

WALTER: 's ist halb noch voll.

ADAM: Wills füllen.

WALTER: Ihr hörts.

ADAM: Ei, für die gute Zahl.

WALTER: Ich bitt Euch.

ADAM: Ach, was! Nach der Pythagoräer-Regel[28].
Er schenkt ihm ein.

WALTER *wieder zu Ruprecht:*
Wie oft traf Er dem Sünder denn den Kopf?

ADAM: Eins ist der Herr. Zwei ist das finstre Chaos.
Drei ist die Welt. Drei Gläser lob ich mir.
Im dritten trinkt man mit den Tropfen Sonnen,
Und Firmamente mit den übrigen.

WALTER:
Wie oftmals auf den Kopf traf Er den Sünder?
Er, Ruprecht, Ihn dort frag ich!

ADAM: Wird mans hören?
Wie oft trafst du den Sündenbock? Na, heraus!
Gotts Blitz, seht, weiß der Kerl wohl selbst, ob er –
Vergaßt dus?

RUPRECHT: Mit der Klinke?

ADAM: Ja, was weiß ich.

---

(28)* Auf die Pythagoräische Schule zurückgehende Zahlensymbolik.

WALTER:
Vom Fenster, als Er nach ihm herunterhieb?
RUPRECHT: Zweimal, ihr Herrn.
ADAM: Halunke! Das behielt er!
Er trinkt.
WALTER: Zweimal! Er konnt ihn mit zwei solchen Hieben
Erschlagen, weiß er –?
RUPRECHT: Hätt ich ihn erschlagen,
So hätt ich ihn. Es wär mir grade recht.
Läg er hier vor mir, tot, so könnt ich sagen,
Der wars, ihr Herrn, ich hab euch nicht belogen.
ADAM: Ja, tot! Das glaub ich. Aber so –
Er schenkt ein.
WALTER: Konnt Er ihn denn im Dunkeln nicht erkennen?
RUPRECHT: Nicht einen Stich, gestrenger Herr. Wie sollt ich?
ADAM: Warum sperrtst du nicht die Augen auf – Stoßt an!
RUPRECHT: Die Augen auf! Ich hatt sie aufgesperrt.
Der Satan warf sie mir voll Sand.
ADAM *in den Bart:* Voll Sand, ja!
Warum sperrtst du deine großen Augen auf.
– Hier. Was wir lieben, gnädger Herr! Stoßt an!
WALTER: – Was recht und gut und treu ist, Richter Adam!
Sie trinken.
ADAM: Nun denn, zum Schluß jetzt, wenns gefällig ist.
Er schenkt ein.
WALTER: Ihr seid zuweilen bei Frau Marthe wohl,
Herr Richter Adam. Sagt mir doch,
Wer, außer Ruprecht, geht dort aus und ein.
ADAM: Nicht allzuoft, gestrenger Herr, verzeiht.
Wer aus und ein geht, kann ich Euch nicht sagen.
WALTER: Wie? Solltet Ihr die Witwe nicht zuweilen
Von Eurem sel'gen Freund besuchen?
ADAM: Nein, in der Tat, sehr selten nur.
WALTER: Frau Marthe!
Habt Ihrs mit Richter Adam hier verdorben?
Er sagt, er spräche nicht mehr bei Euch ein?
FRAU MARTHE:
Hm! Gnädger Herr, verdorben? Das just nicht.

Ich denk er nennt mein guter Freund sich noch.
Doch daß ich oft in meinem Haus ihn sähe,
Das vom Herrn Vetter kann ich just nicht rühmen.
Neun Wochen sinds, daß ers zuletzt betrat,
Und auch nur da noch im Vorübergehn.

WALTER: Wie sagt Ihr?

FRAU MARTHE: Was?

WALTER: Neun Wochen wärens –?

FRAU MARTHE: Neun,
Ja – Donnerstag sinds zehn. Er bat sich Samen
Bei mir, von Nelken und Aurikeln aus.

WALTER:
Und – Sonntags – wenn er auf das Vorwerk geht –?

FRAU MARTHE:
Ja, da – da guckt er mir ins Fenster wohl,
Und saget guten Tag zu mir und meiner Tochter;
Doch dann so geht er wieder seiner Wege.

WALTER *für sich:*
Hm! Sollt ich auch dem Manne wohl –
Er trinkt. Ich glaubte,
Weil Ihr die Jungfer Muhme dort zuweilen
In Eurer Wirtschaft braucht, so würdet Ihr
Zum Dank die Mutter dann und wann besuchen.

ADAM: Wieso, gestrenger Herr?

WALTER: Wieso? Ihr sagtet,
Die Jungfer helfe Euren Hühnern auf,
Die Euch im Hof erkranken. Hat sie nicht
Noch heut in dieser Sach Euch Rat erteilt?

FRAU MARTHE:
Ja, allerdings, gestrenger Herr, das tut sie.
Vorgestern schickt' er ihr ein krankes Perlhuhn
Ins Haus, das schon den Tod im Leibe hatte.
Vorm Jahr rettete sie ihm eins vom Pips,
Und dies auch wird sie mit der Nudel heilen:
Jedoch zum Dank ist er noch nicht erschienen.

WALTER *verwirrt:*
– Schenkt ein, Herr Richter Adam, seid so gut.
Schenkt gleich mir ein. Wir wollen eins noch trinken.

ADAM: Zu Eurem Dienst. Ihr macht mich glücklich. Hier.

Er schenkt ein.
WALTER: Auf Euer Wohlergehn! – Der Richter Adam,
Er wird früh oder spät schon kommen.
FRAU MARTHE: Meint Ihr? Ich zweifle.
Könnt ich Niersteiner, solchen, wie Ihr trinkt,
Und wie mein sel'ger Mann, der Kastellan,
Wohl auch, von Zeit zu Zeit, im Keller hatte,
Vorsetzen dem Herrn Vetter, wärs was anders:
Doch so besitz ich nichts, ich arme Witwe,
In meinem Hause, das ihn lockt.
WALTER: Um so viel besser.

Eilfter Auftritt

LICHT, FRAU BRIGITTE *mit einer Perücke in der Hand, die* MÄGDE *treten auf. Die Vorigen.*

LICHT: Hier, Frau Brigitt, herein.
WALTER: Ist das die Frau, Herr Schreiber Licht?
LICHT: Das ist die Frau Brigitte, Euer Gnaden.
WALTER:
Nun denn, so laßt die Sach uns jetzt beschließen.
Nehmt ab, ihr Mägde. Hier.
Die Mägde mit Gläsern usw. ab.
ADAM *währenddessen:* Nun, Evchen, höre,
Dreh du mir deine Pille ordentlich,
Wie sichs gehört, so sprech ich heute abend
Auf ein Gericht Karauschen[29] bei euch ein.
Dem Luder muß sie ganz jetzt durch die Gurgel,
Ist sie zu groß, so mags den Tod dran fressen.
WALTER *erblickt die Perücke:*
Was bringt uns Frau Brigitte dort für eine
Perücke?
LICHT: Gnädger Herr?
WALTER: Was jene Frau uns dort für eine

(29)* karpfenähnlicher Fisch.

Perücke bringt?
LICHT: Hm!
WALTER: Was?
LICHT: Verzeiht –
WALTER: Werd ichs erfahren?
LICHT: Wenn Euer Gnaden gütigst
Die Frau, durch den Herrn Richter, fragen wollen,
So wird, wem die Perücke angehört,
Sich, und das Weitre, zweifl' ich nicht, ergeben.
WALTER: – Ich will nicht wissen, wem sie angehört.
Wie kam die Frau dazu? Wo fand sie sie?
LICHT: Die Frau fand die Perücke im Spalier
Bei Frau Margrete Rull. Sie hing gespießt,
Gleich einem Nest, im Kreuzgeflecht des Weinstocks,
Dicht unterm Fenster, wo die Jungfer schläft.
FRAU MARTHE:
Was? Bei mir? Im Spalier?
WALTER *heimlich:* Herr Richter Adam,
Habt Ihr mir etwas zu vertraun,
So bitt ich, um die Ehre des Gerichtes,
Ihr seid so gut, und sagt mirs an.
ADAM: Ich Euch –?
WALTER: Nicht? Habt Ihr nicht –?
ADAM: Auf meine Ehre –
Er ergreift die Perücke.
WALTER: Hier die Perücke ist die Eure nicht?
ADAM:
Hier die Perück ihr Herren, ist die meine!
Das ist, Blitz-Element, die nämliche,
Die ich dem Burschen vor acht Tagen gab,
Nach Utrecht sie zum Meister Mehl zu bringen.
WALTER:
Wem? Was?
LICHT: Dem Ruprecht?
RUPRECHT: Mir?
ADAM: Hab ich Ihm Schlingel,
Als Er nach Utrecht vor acht Tagen ging,
Nicht die Perück hier anvertraut, sie zum
Friseur, daß er sie renoviere, hinzutragen?

RUPRECHT: Ob Er –? Nun ja. Er gab mir –
ADAM: Warum hat Er
Nicht die Perück, Halunke, abgegeben?
Warum nicht hat Er sie, wie ich befohlen,
Beim Meister in der Werkstatt abgegeben?
RUPRECHT:
Warum ich sie –? Gotts, Himmel-Donner – Schlag!
Ich hab sie in der Werkstatt abgegeben.
Der Meister Mehl nahm sie –
ADAM: Sie abgegeben?
Und jetzt hängt sie im Weinspalier bei Marthens?
O wart, Kanaille! So entkommst du nicht.
Dahinter steckt mir von Verkappung was,
Und Meuterei, was weiß ich? – Wollt Ihr erlauben,
Daß ich sogleich die Frau nur inquiriere[30]?
WALTER: Ihr hättet die Perücke –?
ADAM: Gnädger Herr,
Als jener Bursche dort vergangnen Dienstag
Nach Utrecht fuhr mit seines Vaters Ochsen,
Kam er ins Amt und sprach, Herr Richter Adam,
Habt Ihr im Städtlein etwas zu bestellen?
Mein Sohn, sag ich, wenn du so gut willt sein,
So laß mir die Perück hier auftoupieren –
Nicht aber sagt ich ihm, geh und bewahre
Sie bei dir auf, verkappe dich darin,
Und laß sie im Spalier bei Marthens hängen.
FRAU BRIGITTE:
Ihr Herrn, der Ruprecht, mein ich, halt zu Gnaden,
Der wars wohl nicht. Denn da ich gestern nacht
Hinaus aufs Vorwerk geh, zu meiner Muhme,
Die schwer im Kindbett liegt, hört ich die Jungfer
Gedämpft, im Garten hinten jemand schelten:
Wut scheint und Furcht die Stimme ihr zu rauben.
Pfui, schäm Er sich, Er Niederträchtiger,
Was macht Er? Fort. Ich werd die Mutter rufen;
Als ob die Spanier im Lande wären.
Drauf: Eve! durch den Zaun hin, Eve! ruf ich.

---

(30)* befrage.

Was hast du? Was auch gibts? – Und still wird es:
Nun? Wirst du antworten? – Was wollt Ihr, Muhme? –
Was hast du vor, frag ich? – Was werd ich haben. –
Ist es der Ruprecht? – Ei so ja, der Ruprecht.
Geht Euren Weg doch nur. – So koch dir Tee[31].
Das liebt sich, denk ich, wie sich andre zanken.

FRAU MARTHE:
Mithin –?

RUPRECHT: Mithin –?

WALTER: Schweigt! Laßt die Frau vollenden.

FRAU BRIGITTE: Da ich vom Vorwerk nun zurückekehre,
Zur Zeit der Mitternacht etwa, und just,
Im Lindengang, bei Marthens Garten bin,
Huscht euch ein Kerl bei mir vorbei, kahlköpfig,
Mit einem Pferdefuß, und hinter ihm
Erstinkts wie Dampf von Pech und Haar und Schwefel.
Ich sprech ein Gottseibeiuns aus, und drehe
Entsetzensvoll mich um, und seh, mein Seel,
Die Glatz, ihr Herren, im Verschwinden noch,
Wie faules Holz, den Lindengang durchleuchten.

RUPRECHT:
Was! Himmel – Tausend –!

FRAU MARTHE: Ist Sie toll, Frau Briggy?

RUPRECHT:
Der Teufel, meint Sie, wärs –?

LICHT: Still! Still!

FRAU BRIGITTE: Mein Seel!
Ich weiß, was ich gesehen und gerochen.

WALTER *ungeduldig:*
Frau, obs der Teufel war, will ich nicht untersuchen,
Ihn aber, ihn denunziiert man nicht.
Kann Sie von einem andern melden, gut:
Doch mit dem Sünder da verschont Sie uns.

LICHT: Wollen Euer Gnaden sie vollenden lassen.

WALTER: Blödsinnig Volk, das!

FRAU BRIGITTE: Gut, wie Ihr befehlt.
Doch der Herr Schreiber Licht sind mir ein Zeuge.

---

(31)* berlinisch: Tu, was du willst!

WALTER: Wie? Ihr ein Zeuge?
LICHT: Gewissermaßen, ja.
WALTER: Fürwahr, ich weiß nicht –
LICHT: Bitte ganz submiß[32],
Die Frau in dem Berichte nicht zu stören.
Daß es der Teufel war, behaupt ich nicht;
Jedoch mit Pferdefuß, und kahler Glatze
Und hinten Dampf, wenn ich nicht sehr mich irre,
Hats seine völlge Richtigkeit! – Fahrt fort!
FRAU BRIGITTE: Da ich nun mit Erstaunen heut vernehme,
Was bei Frau Marthe Rull geschehn, und ich
Den Krugzertrümmrer auszuspionieren,
Der mir zu Nacht begegnet am Spalier,
Den Platz, wo er gesprungen, untersuche,
Find ich im Schnee, ihr Herrn, euch eine Spur –
Was find ich euch für eine Spur im Schnee?
Rechts fein und scharf und nett gekantet immer,
Ein ordentlicher Menschenfuß,
Und links unförmig grobhin eingetölpelt
Ein ungeheurer klotzger Pferdefuß.
WALTER *ärgerlich:*
Geschwätz, wahnsinniges, verdammenswürdges –!
VEIT: Es ist nicht möglich, Frau!
FRAU BRIGITTE: Bei meiner Treu!
Erst am Spalier, da, wo der Sprung geschehen,
Seht, einen weiten schneezerwühlten Kreis,
Als ob sich eine Sau darin gewälzt;
Und Menschenfuß und Pferdefuß von hier,
Und Menschenfuß und Pferdefuß, und Menschenfuß und Pferdefuß,
Quer durch den Garten, bis in alle Welt.
ADAM: Verflucht! – Hat sich der Schelm vielleicht erlaubt,
Verkappt des Teufels Art –?
RUPRECHT: Was! Ich!
LICHT: Schweigt! Schweigt!
FRAU BRIGITTE:
Wer einen Dachs sucht, und die Fährt entdeckt,

(32)* ehrerbietig.

Der Weidmann, triumphiert nicht so, als ich.
Herr Schreiber Licht, sag ich, denn eben seh ich
Von euch geschickt, den Würdgen zu mir treten,
Herr Schreiber Licht, spart eure Session,
Den Krugzertrümmrer judiziert ihr nicht,
Der sitzt nicht schlechter euch, als in der Hölle:
Hier ist die Spur die er gegangen ist.

WALTER:
So habt Ihr selbst Euch überzeugt?

LICHT: Euer Gnaden,
Mit dieser Spur hats völlge Richtigkeit.

WALTER: Ein Pferdefuß?

LICHT: Fuß eines Menschen, bitte,
Doch praeter propter[33] wie ein Pferdehuf.

ADAM:
Mein Seel, ihr Herrn, die Sache scheint mir ernsthaft.
Man hat viel beißend abgefaßte Schriften,
Die, daß ein Gott sei, nicht gestehen wollen;
Jedoch den Teufel hat, soviel ich weiß,
Kein Atheist noch bündig wegbewiesen.
Der Fall, der vorliegt, scheint besonderer
Erörtrung wert. Ich trage darauf an,
Bevor wir ein Konklusum fassen,
Im Haag bei der Synode anzufragen
Ob das Gericht befugt sei, anzunehmen,
Daß Beelzebub den Krug zerbrochen hat.

WALTER: Ein Antrag, wie ich ihn von Euch erwartet.
Was wohl meint *Ihr,* Herr Schreiber?

LICHT: Euer Gnaden werden
Nicht die Synode brauchen, um zu urteiln.
Vollendet – mit Erlaubnis! – den Bericht,
Ihr Frau Brigitte, dort; so wird der Fall
Aus der Verbindung, hoff ich, klar konstieren.

FRAU BRIGITTE:
Hierauf: Herr Schreiber Licht, sag ich, laßt uns
die Spur ein wenig doch verfolgen, sehn,
Wohin der Teufel wohl entwischt mag sein.

---

(33)* ungefähr.

Gut, sagt er, Frau Brigitt, ein guter Einfall;
Vielleicht gehn wir uns nicht weit um,
Wenn wir zum Herrn Dorfrichter Adam gehn.
WALTER: Nun? Und jetzt fand sich –?
FRAU BRIGITTE: Zuerst jetzt finden wir
Jenseits des Gartens, in dem Lindengange,
Den Platz, wo Schwefeldämpfe von sich lassend,
Der Teufel bei mir angeprellt: ein Kreis,
Wie scheu ein Hund etwa zur Seite weicht,
Wenn sich die Katze prustend vor ihm setzt.
WALTER: Drauf weiter?
FRAU BRIGITTE:
Nicht weit davon jetzt steht ein Denkmal seiner,
An einem Baum, daß ich davor erschrecke.
WALTER: Ein Denkmal? Wie?
FRAU BRIGITTE: Wie? Ja, da werdet Ihr –
ADAM *für sich:* Verflucht mein Unterleib.
LICHT: Vorüber, bitte,
Vorüber, hier, ich bitte, Frau Brigitte.
WALTER: Wohin die Spur Euch führte, will ich wissen!
FRAU BRIGITTE:
Wohin? Mein Treu, den nächsten Weg zu euch,
Just wie Herr Schreiber Licht gesagt.
WALTER: Zu uns? Hierher?
FRAU BRIGITTE: Vom Lindengange, ja,
Aufs Schulzenfeld, den Karpfenteich entlang,
Den Steg, quer übern Gottesacker dann,
Hier, sag ich, her, zum Herrn Dorfrichter Adam.
WALTER: Zum Herrn Dorfrichter Adam?
ADAM: Hier zu mir?
FRAU BRIGITTE: Zu Euch, ja.
RUPRECHT: Wird doch der Teufel nicht
In dem Gerichtshof wohnen?
FRAU BRIGITTE: Mein Treu, ich weiß nicht,
Ob er in diesem Hause wohnt; doch hier,
Ich bin nicht ehrlich, ist er abgestiegen:
Die Spur geht hinten ein bis an die Schwelle.
ADAM:
Sollt er vielleicht hier durchpassiert –?

FRAU BRIGITTE:
Ja, oder durchpassiert. Kann sein. Auch das.
Die Spur vornaus –
WALTER: War eine Spur vornaus?
LICHT: Vornaus, verzeihn Euer Gnaden, keine Spur.
FRAU BRIGITTE: Ja, vornaus war der Weg zertreten.
ADAM: Zertreten. Durchpassiert. Ich bin ein Schuft.
Der Kerl, paßt auf, hat den Gesetzen hier
Was angehängt. Ich will nicht ehrlich sein,
Wenn es nicht stinkt in der Registratur.
Wenn meine Rechnungen, wie ich nicht zweifle,
Verwirrt befunden werden sollten,
Auf meine Ehr, ich stehe für nichts ein.
WALTER: Ich auch nicht.
Für sich. Hm! Ich weiß nicht, wars der linke,
War es der rechte? Seiner Füße einer –
Herr Richter! Eure Dose! – Seid so gefällig.
ADAM:
Die Dose?
WALTER: Die Dose. Gebt! Hier!
ADAM *zu Licht:* Bringt dem Herrn Gerichtsrat.
WALTER: Wozu die Umständ? Einen Schritt gebrauchts.
ADAM: Es ist schon abgemacht. Gebt Seiner Gnaden.
WALTER: Ich hätt Euch was ins Ohr gesagt.
ADAM:
Vielleicht, daß wir nachher Gelegenheit –
WALTER: Auch gut.
Nachdem sich Licht wieder gesetzt.
Sagt doch, ihr Herrn, ist jemand hier im Orte,
Der mißgeschaffne Füße hat?
LICHT: Hm! Allerdings ist jemand hier in Huisum –
WALTER:
So? Wer?
LICHT: Wollen Euer Gnaden den Herrn Richter fragen –
WALTER: Den Herrn Richter Adam?
ADAM: Ich weiß von nichts.
Zehn Jahre bin ich hier im Amt zu Huisum,

Soviel ich weiß, ist alles grad gewachsen.
WALTER *zu Licht:*
Nun? Wen hier meint Ihr?
FRAU MARTHE: Laß Er doch seine Füße draußen!
Was steckt Er untern Tisch verstört sie hin,
Daß man fast meint, Er wär die Spur gegangen.
WALTER: Wer? Der Herr Richter Adam?
ADAM: Ich? die Spur?
Bin ich der Teufel? Ist das ein Pferdefuß?
Er zeigt seinen linken Fuß.
WALTER: Auf meine Ehr. Der Fuß ist gut.
Heimlich:
Macht jetzt mit der Session sogleich ein Ende.
ADAM: Ein Fuß, wenn den der Teufel hätt,
So könnt er auf die Bälle gehn und tanzen.
FRAU MARTHE:
Das sag ich auch. Wo wird der Herr Dorfrichter –
ADAM: Ach, was! Ich!
WALTER: Macht, sag ich, gleich ein Ende.
FRAU BRIGITTE:
Den einzgen Skrupel nur, ihr würdgen Herrn,
Macht, dünkt mich, dieser feierliche Schmuck!
ADAM: Was für ein feierlicher –?
FRAU BRIGITTE: Hier, die Perücke!
Wer sah den Teufel je in solcher Tracht?
Ein Bau, getürmter, strotzender von Talg,
Als eines Domdechanten auf der Kanzel!
ADAM: Wir wissen hierzuland nur unvollkommen,
Was in der Hölle Mod ist, Frau Brigitte!
Man sagt, gewöhnlich trägt er eignes Haar.
Doch auf der Erde, bin ich überzeugt,
Wirft er in die Perücke sich, um sich
Den Honoratioren beizumischen.
WALTER:
Nichtswürdger! Wert, vor allem Volk ihn schmachvoll
Vom Tribunal zu jagen! Was Euch schützt,
Ist einzig nur die Ehre des Gerichts.
Schließt Eure Session!
ADAM: Ich will nicht hoffen –

WALTER:
Ihr hofft jetzt nichts. Ihr zieht Euch aus der Sache.
ADAM: Glaubt Ihr, ich hätte, ich, der Richter, gestern,
Im Weinstock die Perücke eingebüßt?
WALTER: Behüte Gott! Die Eur' ist ja im Feuer,
Wie Sodom und Gomorrha, aufgegangen.
LICHT: Vielmehr – vergebt mir, gnädger Herr! die Katze
Hat gestern in die seinige gejungt.
ADAM: Ihr Herrn, wenn hier der Anschein mich verdammt:
Ihr übereilt euch nicht, bitt ich. Es gilt
Mir Ehre oder Prostitution[34].
Solang die Jungfer schweigt, begreif ich nicht,
Mit welchem Recht ihr mich beschuldiget.
Hier auf dem Richterstuhl von Huisum sitz ich,
Und lege die Perücke auf den Tisch:
Den, der behauptet, daß sie mein gehört,
Fordr' ich vors Oberlandgericht in Utrecht.
LICHT: Hm! Die Perücke paßt Euch doch, mein Seel,
Als wär auf Euren Scheiteln sie gewachsen.
Er setzt sie ihm auf.
ADAM: Verleumdung!
LICHT: Nicht?
ADAM: Als Mantel um die Schultern
Mir noch zu weit, wie viel mehr um den Kopf.
Er besieht sich im Spiegel.
RUPRECHT: Ei, solch ein Donnerwetter-Kerl!
WALTER: Still, Er!
FRAU MARTHE: Ei, solch ein blitz-verfluchter Richter, das!
WALTER:
Noch einmal, wollt *Ihr* gleich, soll *ich* die Sache enden?
ADAM: Ja, was befehlt Ihr?
RUPRECHT *zu Eve:* Eve, sprich, ist ers?
WALTER: Was untersteht der Unverschämte sich?
VEIT: Schweig du, sag ich.
ADAM: Wart, Bestie! Dich faß ich.
RUPRECHT: Ei, du Blitz-Pferdefuß!
WALTER: Heda! der Büttel!

(34)* hier: Entehrung.

VEIT: Halts Maul, sag ich.
RUPRECHT: Wart! Heute reich ich dich.
Heut streust du keinen Sand mir in die Augen.
WALTER:
Habt Ihr nicht so viel Witz, Herr Richter –?
ADAM: Ja, wenn Euer Gnaden
Erlauben, fäll ich jetzo die Sentenz.
WALTER: Gut. Tut das. Fällt sie.
ADAM: Die Sache jetzt konstiert,
Und Ruprecht dort, der Racker, ist der Täter.
WALTER: Auch gut das. Weiter.
ADAM: Den Hals erkenn ich
Ins Eisen ihm, und weil er ungebührlich
Sich gegen seinen Richter hat betragen,
Schmeiß ich ihn ins vergitterte Gefängnis.
Wie lange, werd ich noch bestimmen.
EVE: Den Ruprecht –?
RUPRECHT: Ins Gefängnis mich?
EVE: Ins Eisen?
WALTER: Spart eure Sorgen, Kinder. – Seid Ihr fertig?
ADAM: Den Krug meinthalb mag er ersetzen, oder nicht.
WALTER: Gut denn. Geschlossen ist die Session.
Und Ruprecht appelliert an die Instanz zu Utrecht.
EVE: Er soll, er, erst nach Utrecht appellieren?
RUPRECHT: Was? Ich –?
WALTER: Zum Henker, ja! Und bis dahin –
EVE: Und bis dahin –?
RUPRECHT: In das Gefängnis gehn?
EVE: Den Hals ins Eisen stecken? Seid Ihr auch Richter?
Er dort, der Unverschämte, der dort sitzt,
Er selber wars –
WALTER: Du hörsts, zum Teufel! Schweig!
Ihm bis dahin krümmt sich kein Haar –
EVE: Auf, Ruprecht!
Der Richter Adam hat den Krug zerbrochen!
RUPRECHT: Ei, wart, du!
FRAU MARTHE: Er?
FRAU BRIGITTE: Der dort?
EVE: Er, ja! Auf, Ruprecht!

Er war bei deiner Eve gestern!
Auf! Faß ihn! Schmeiß ihn jetzo, wie du willst.

WALTER *steht auf:*
Halt dort! Wer hier Unordnungen –

EVE: Gleichviel!
Das Eisen ist verdient, geh, Ruprecht!
Geh, schmeiß ihn von dem Tribunal herunter.

ADAM: Verzeiht, ihr Herrn. *Läuft weg.*

EVE: Hier! Auf!

RUPRECHT: Halt ihn!

EVE: Geschwind!

ADAM: Was?

RUPRECHT:
Blitz-Hinketeufel!

EVE: Hast du ihn?

RUPRECHT: Gotts Schlag und Wetter!
Es ist sein Mantel bloß!

WALTER: Fort! Ruft den Büttel!

RUPRECHT *schlägt den Mantel:*
Ratz! Das ist eins. Und Ratz! Und Ratz! Noch eins.
Und noch eins! In Ermangelung des Buckels.

WALTER:
Er ungezogner Mensch – Schafft hier mir Ordnung!
– An Ihm, wenn Er sogleich nicht ruhig ist,
Ihm wird der Spruch vom Eisen heut noch wahr.

VEIT: Sei ruhig, du vertrackter Schlingel!

Zwölfter Auftritt

Die Vorigen ohne Adam. Sie begeben sich alle in den Vordergrund der Bühne.

RUPRECHT: Ei, Evchen!
Wie hab ich heute schändlich dich beleidigt!
Ei Gotts Blitz, alle Wetter; und wie gestern!
Ei, du mein goldnes Mädchen, Herzens-Braut!
Wirst du dein Lebtag mir vergeben können?

EVE *wirft sich dem Gerichtsrat zu Füßen:*
Herr! Wenn Ihr jetzt nicht helft, sind wir verloren!
WALTER: Verloren? Warum das?
RUPRECHT: Herr Gott! Was gibts?
EVE: Errettet Ruprecht von der Konskription!
Denn diese Konskription – der Richter Adam
Hat mirs als ein Geheimnis anvertraut,
Geht nach Ostindien; und von dort, Ihr wißt,
Kehrt von drei Männern einer nur zurück!
WALTER: Was! Nach Ostindien! Bist du bei Sinnen?
EVE: Nach Bantam, gnädger Herr; verleugnets nicht!
Hier ist der Brief, die stille heimliche
Instruktion, die Landmiliz betreffend,
Die die Regierung jüngst deshalb erließ:
Ihr seht, ich bin von allem unterrichtet.
WALTER *nimmt den Brief und liest ihn:*
O unerhört, arglistiger Betrug! –
Der Brief ist falsch!
EVE: Falsch?
WALTER: Falsch, so wahr ich lebe!
Herr Schreiber Licht, sagt selbst, ist das die Order,
Die man aus Utrecht jüngst an Euch erließ?
LICHT: Die Order! Was! Der Sünder, der! Ein Wisch,
Den er mit eignen Händen aufgesetzt! –
Die Truppen, die man anwarb, sind bestimmt
Zum Dienst im Landesinneren; kein Mensch
Denkt dran, sie nach Ostindien zu schicken!
EVE: Nein, nimmermehr, ihr Herrn?
WALTER: Bei meiner Ehre!
Und zum Beweise meines Worts: den Ruprecht,
Wärs so, wie du mir sagst: ich kauf ihn frei!
EVE *steht auf:*
O Himmel! Wie belog der Böswicht mich!
Denn mit der schrecklichen Besorgnis eben,
Quält' er mein Herz, und kam, zur Zeit der Nacht,
Mir ein Attest für Ruprecht aufzudringen;
Bewies, wie ein erlognes Krankheitszeugnis,
Von allem Kriegsdienst ihn befreien könnte:
Erklärte und versicherte und schlich,

Um es mir auszufertgen, in mein Zimmer:
So Schändliches, ihr Herren, von mir fordernd,
Daß es kein Mädchenmund wagt auszusprechen!

FRAU BRIGITTE:
Ei, der nichtswürdig-schändliche Betrüger!

RUPRECHT: Laß, laß den Pferdehuf, mein süßes Kind!
Sieh, hätt ein Pferd bei dir den Krug zertrümmert,
Ich wär so eifersüchtig just, als jetzt!
Sie küssen sich.

VEIT:
Das sag ich auch! Küßt und versöhnt und liebt euch;
Und Pfingsten, wenn ihr wollt, mag Hochzeit sein!

LICHT *am Fenster:*
Seht, wie der Richter Adam, bitt ich euch,
Berg auf, Berg ab, als flöh er Rad und Galgen,
Das aufgepflügte Winterfeld durchstampft!

WALTER: Was? Ist das Richter Adam?

LICHT: Allerdings!

MEHRERE: Jetzt kommt er auf die Straße. Seht! seht!
Wie die Perücke ihm den Rücken peitscht!

WALTER:
Geschwind, Herr Schreiber, fort! Holt ihn zurück!
Daß er nicht Übel rettend ärger mache.
Von seinem Amt zwar ist er suspendiert,
Und Euch bestell ich, bis auf weitere
Verfügung, hier im Ort es zu verwalten;
Doch sind die Kassen richtig, wie ich hoffe,
Zur Desertion ihn zwingen will ich nicht.
Fort! Tut mir den Gefallen, holt ihn wieder!
Licht ab.

Letzter Auftritt

Die Vorigen ohne Licht.

FRAU MARTHE:
Sagt doch, gestrenger Herr, wo find ich auch
Den Sitz in Utrecht der Regierung?
WALTER:
Weshalb, Frau Marthe?
FRAU MARTHE *empfindlich:*
Hm! Weshalb? Ich weiß nicht –
Soll hier dem Kruge nicht sein Recht geschehn?
WALTER: Verzeiht mir! Allerdings. Am großen Markt,
Und Dienstag ist und Freitag Session.
FRAU MARTHE: Gut! Auf die Woche stell ich dort mich ein.
Alle ab.

Ende.

MATERIALIEN

Inhaltsverzeichnis

Einleitung 79

I. Entstehung und Aufnahme des Stücks 82
1. Heinrich Zschokke: [Vorwort zur Erzählung ›Der zerbrochne Krug‹] 82
2. Heinrich von Kleist: [Unterdrückte Vorrede zu dem Lustspiel ›Der zerbrochne Krug‹] 83
3. Jean Jacques André Le Veau: Le Juge, ou la Cruche cassée, Kupferstich 84
4. E. Theodor Voss: [Zur Deutung des Bildes von Debucourt] 85
5. Johann Wolfgang von Goethe: [Brief an Adam Müller] 87
6. [Rezension der Uraufführung] 88

II. Biographie, historische Wirklichkeit und Werk . . 89
1. Elisabeth Fehrenbach: [Bürgerliche und politische Freiheit im Aufgeklärten Absolutismus] . . . 89
2. Peter Scheiner: [Umbruch des Denkens] 90
3. Heinrich von Kleist: [Abschied vom Soldatenstand] 91
4. Heinrich von Kleist: [»... weg mit allen Vorurteilen«] 92
5. Heinrich von Kleist: [Unerkennbarkeit der Wahrheit] 94
6. Heinrich Deiters: [Kleist und die preußischen Reformen] 95
7. Patrimonialgerichtsbarkeit, Gutsgerichtsbarkeit . 97

III. Aspekte der Handlung und der Deutung 98
1. Ewald Rösch: [Ernsthafte Gefährdung im komischen Kontext] 98

2. Hermann August Korff: [Adam als unmoralischer Bösewicht] 100
3. Fritz Martini: [Adam als Spielfigur und die Struktur des Lustspiels] 101
4. Georg Lukács: [Gemälde des damaligen Preußen] 103
5. Wolfgang Schadewaldt: ›Der zerbrochne Krug‹ und Sophokles' ›König Ödipus‹ 104

IV. Gattung, Komik, Sprache 106
1. Hans Joachim Schrimpf: [Zu Sprache und Komik] 106
2. Ewald Rösch: [Adam als Typus – Wiederaufnahme einer Komödientradition] 108

Zeittafel zu Leben und Werk 110
Auswahlbibliographie 112

Einleitung

Heinrich von Kleists Lustspiel ›Der zerbrochne Krug‹, das heute zu den beliebtesten Repertoire-Stücken des Theaters gehört, hat sich im 19. Jahrhundert nur langsam auf der Bühne durchsetzen können. Von der mißglückten Uraufführung durch Goethe 1808 in Weimar bis zu Friedrich Hebbels Lob, der ›Zerbrochne Krug‹ gehöre »zu denjenigen Werken, denen gegenüber nur das Publikum durchfallen kann«[1], verging beinahe ein halbes Jahrhundert.

Die Entstehungsgeschichte des Stücks, sein Hervorgehen aus einem spaßhaften Wettbewerb unter Dichterfreunden nach der Anregung durch einen französischen Kupferstich, ist recht gut dokumentiert, ebenso der Uraufführungsskandal in Weimar. Der Materialienteil I bringt dazu eine Auswahl aus den vorhandenen Dokumenten.

Kleist lebte in einer Zeit großer geistiger und politischer Umwälzungen. Er war ein Kind der Aufklärung, Zeitgenosse der Französischen Revolution. Schwankend zwischen seinem Stand, dem Adel, und dem Bürgertum, fühlte er sich nirgends eigentlich zugehörig und lebte ein unglückliches, von Existenzsorgen stets bedrohtes Leben. Der Zeitbezug des Kleistschen Werkes insgesamt ist umstritten. Es wird behauptet, sein Werk sei mit wenigen Ausnahmen nahezu unbeeinflußt von den Zeitumständen (Gundolf, Blöcker, siehe Auswahlbibliographie), aber auch die These aufgestellt, es spiegele sich im ›Zerbrochnen Krug‹ die bürokratische Willkür und die Korruptheit des preußischen Obrigkeitsstaates vor seinem Zusammenbruch 1806 bei Jena und Auerstedt (Ernst Fischer, Deiters).

Der Materialienteil II dokumentiert einige Lebensprobleme Kleists, gesellschaftliche, berufliche und geistige, und versucht eine Verbindung zwischen historischer Wirklichkeit, Biographie und Werk herzustellen.

---

(1)* Sembdner, Kleists Nachruhm (s. Auswahlbibliographie), S. 264.

Der Materialienteil III zeigt verschiedene Aspekte der Handlung und der Deutung des Stücks auf, der Materialienteil IV behandelt Fragen der Gattung, des Komischen und der Sprache.

Der Dorfrichter Adam, der unter behördlicher Aufsicht ein Delikt untersuchen muß, das er selbst begangen hat, und dafür auf Biegen und Brechen einen anderen Schuldigen finden will, ist zweifellos eine komische Figur, aber auch ein gefährlicher Mann für manche seiner Mitmenschen. Ein Einschlag des Ernsthaften, der tragischen Weltsicht Kleists wird hier erkennbar. Seine Überzeugung von der »gebrechlichen Einrichtung der Welt« und der Schwierigkeit, die Wahrheit zu erkennen, die ihm in der sogenannten Kant-Krise bewußt geworden ist, trägt untergründig die komische Handlung. Das Problem der Erkenntnis wird zwar auf trivial-kriminalistischer Ebene behandelt, mit der Frage nämlich, wer den Krug der Frau Marthe zerbrochen habe. Daneben geht es aber um existentielle, Leben und Glück des Paares Eve – Ruprecht betreffende Fragen. Ihre Beziehung scheitert beinahe daran, daß Ruprecht sich auf das verläßt, was er meint gesehen zu haben, während Eve gegen den Augenschein, sie sei ihm untreu, instinktive Gefühlssicherheit und Vertrauen von ihm fordert. Die Lenkung durch das Gefühl ist nun nach dem Irrewerden an der Vernunft für den enttäuschten Aufklärer Kleist ein Zentralthema geworden.

Die ausgewählten Texte beleuchten sich gegenseitig, beispielsweise in bezug auf die Einschätzung Adams. Man kann ihn moralisch beurteilen (Korff), als Spielfigur sehen, die die Komödie konstituiert (Martini), als Komödientypus, den es seit der Antike gibt (Rösch), oder als Repräsentanten einer korrupten Gesellschaft (Lukács). Auskünfte zu Fragen des Handlungsaufbaus und der Form, der Stellung des Zuschauers zum Geschehen, zur Gattung und zur Komik lassen sich ebenfalls mehrfach in den Texten auffinden.

Die Verknüpfung des ›Zerbrochnen Krugs‹ mit europäischer Tradition zeigt der Vergleich mit ›König Ödipus‹ von Sophokles, mit dem das Stück die analytische Form gemeinsam hat; Einflüsse des antiken Mimus[1a] und der Falstaff-Figur werden dokumentiert. Auf eine Ähnlichkeit der Handlungskonstellation mit Shakespeares ›Maß für Maß‹ sei hier nur hingewiesen.

(1a)* possenhafte Darbietung derb-realistischer Szenen aus dem Alltagsleben in der Antike und im Mittelalter, meist improvisiert.

I. Entstehung und Aufnahme des Stücks

1. Heinrich Zschokke: [Vorwort zur Erzählung ›Der zerbrochne Krug‹]

(1825)

Man kennt, unter demselben Titel, ein kleines Stück vom Dichter des ›Käthchen von Heilbronn‹. Dieses und die hier folgende Erzählung hatten im Jahre 1802 zu Bern einerlei Veranlassung des Entstehens. Heinrich von Kleist und Ludwig Wieland, des Dichters[1b] Sohn, pflogen Freundschaft mit dem Verfasser, in dessen Zimmer ein Kupferstich [von Le Veau nach dem Gemälde von Debucourt, 1782], ›La cruche cassée‹ unterschrieben, hing, dessen Gestalten und Inhalt ungefähr dieselben waren, wie sie unten im Kapitelchen ›Das Gericht‹ vorgestellt sind. Die ausdrucksvolle Zeichnung belustigte und verlockte zu mancherlei Deutungen des Inhalts. Im Scherz gelobten die drei, jeder wolle seine eigentümliche Ansicht schriftlich ausführen. Ludwig Wieland verhieß eine Satire, Heinrich von Kleist entwarf sein Lustspiel und der Verfasser der gegenwärtigen Erzählung das, was hier gegeben wird.

Zitiert nach: Heinrich von Kleists Lebensspuren. Dokumente und Berichte der Zeitgenossen. Hrsg. von Helmut Sembdner, erweiterte Ausgabe. Deutscher Taschenbuch Verlag, München 1969, S. 56. (Band 8 der dtv-Werkausgabe).

(1b)* Siehe Anmerkung 9.

2. Heinrich von Kleist: [Unterdrückte Vorrede zu dem Lustspiel ›Der zerbrochne Krug‹]

(1811)

Diesem Lustspiel liegt wahrscheinlich ein historisches Faktum, worüber ich jedoch keine nähere Auskunft habe auffinden können, zum Grunde. Ich nahm die Veranlassung dazu aus einem Kupferstich, den ich vor mehreren Jahren in der Schweiz sah. Man bemerkte darauf – zuerst einen Richter, der gravitätisch auf dem Richterstuhl saß: Vor ihm stand eine alte Frau, die einen zerbrochenen Krug hielt, sie schien das Unrecht, das ihm widerfahren war, zu demonstrieren: Beklagter, ein junger Bauerkerl, den der Richter, als überwiesen, andonnerte, verteidigte sich noch, aber schwach: ein Mädchen, das wahrscheinlich in dieser Sache gezeugt hatte (denn wer weiß, bei welcher Gelegenheit das Deliktum geschehen war), spielte sich, in der Mitte zwischen Mutter und Bräutigam, an der Schürze; wer ein falsches Zeugnis abgelegt hätte, könnte nicht zerknirschter dastehn: und der Gerichtsschreiber sah (er hatte vielleicht kurz vorher das Mädchen angesehen) jetzt den Richter mißtrauisch zur Seite an, wie Kreon, bei einer ähnlichen Gelegenheit, den Ödip[2]. Darunter stand: der zerbrochene Krug. – Das Original war, wenn ich nicht irre, von einem niederländischen Meister[3].

Heinrich von Kleist: Sämtliche Werke und Briefe. Hrsg. von Helmut Sembdner. 6. ergänzte und revidierte Auflage. Hanser Verlag, München 1977, Bd. I, S. 176.

---

(2)* Kreon, Ödip: Personen aus der Tragödie ›König Ödipus‹ von Sophokles, in der Ödipus als Richter herausfinden muß, daß er selbst schuld am Tod des Königs Laios ist.

(3)* Irrtum Kleists; das Original des französischen Malers Debucourt war jedoch im niederländischen Stil gehalten (vgl. dazu Text I, 4).

← 3. Jean Jacques André Le Veau: Le Juge, ou la Cruche cassée[4]

4. E. Theodor Voss: [Zur Deutung des Bildes von Debucourt]

Das Bild von Debucourt, das mehrere Personengruppen darstellt, entlehnt sein Hauptmotiv einem Ölgemälde von Jean Baptiste Greuze mit dem Titel ›La Cruche cassée‹. Greuze (1725–1805) hatte ein Mädchen am Brunnen gemalt, das die Teile eines zerbrochenen Kruges, Sinnbild für ihre verlorene Unschuld, in den Händen hält.
In der Forschung wurde bisher die linke Personengruppe auf dem Bild von Debucourt kaum beachtet. Man sieht drei Personen vor der geöffneten Tür eines hellen Zimmers, aus dem ein Herr mit breitkrempigem Federhut heraustritt. Ein anderer, der dem Betrachter den Rücken zukehrt, überreicht einer schönen jungen Dame ein Blumensträußchen. Eine ältere Frau im Zimmer selbst winkt ihm zu, er möge eintreten. – E. Th. Voss hat nachgewiesen, daß es sich bei der Personengruppe um eine Kupplerin, eine Dirne und deren Besucher handeln muß.

(1976)

[. . .] Ein Bordell also, unter einem Dach mit dem Gericht, das in geheimer Komplizenschaft durch die Finger sieht. Kleist hatte bloß hinzusehen brauchen, um gleich aus dem Bild die Idee des korrupten Richters zu gewinnen[5], von der aus sich dann weiter assoziieren ließ. Debucourts Bild weitet sich somit zu einer geist- und motivreichen moralischen Allegorie: Während man zu Gericht sitzt über die »verlorene Unschuld« des jungen Mädchens, ist keine zwei Schritt davon, mit unverhohlener Duldung der Autorität, die Liebe käuflich. Von daher wird auch die Bedeutung der

---

(4)* Kupferstich nach einem Gemälde von Philibert Debucourt. © Berliner Zentralbibliothek, Berlin.

(5) Für Meyer-Benfey und andere nach ihm schien es ausgemacht, daß in dem Bild die Grundidee des schuldigen Richters noch nicht enthalten war.

beiden Kinder – Mädchen und Junge – deutlich, die rechts neben der Gruppe mit dem Krug stehen. Die »verlorene Unschuld« von Greuze hat Debucourt zwischen das Laster auf der einen und die Unschuld auf der anderen Seite gestellt. Die Gruppen im rechten Hintergrund – mehrfach variierte Allegorien der Lebensalter: Kindheit, Erwachsensein, Alter – leiten hinüber ins allgemeine Menschenleben und – draußen sind Straße und Häuser zu sehen – in die Gesellschaft, die sich drinnen so exemplarisch vertreten findet.

[...] Das Richteramt schließt die Verbindung von Moral und Macht ein: Macht im Dienst der Moral, Moral als Rechtfertigung der Macht. In Wirklichkeit macht die Nähe des Richterstuhls zur Höhle des Lasters sinnfällig, daß von Moral keine Rede sein kann, daß die hier ausgeübte Macht ohne Rechtfertigung ist, um 1780, als Debucourt das Bild malte, gewiß keine weither geholten Ideen. Das offene Bordell erweist die so nahebei geübte Tätigkeit des Gerichts als zynische Komödie. Das Bild meint ein System, in dem Lust und Macht eine besondere Verbindung eingegangen sind, derzufolge Lust nur noch böse Lust sein kann und Macht sich ohne Rechtfertigung durch die Moral behauptet. Das von Debucourt sichtbar gemachte Grundprinzip des ›ancien régime‹, die ihrem Wesen nach wechselseitig korrumpierende Verbindung von »Lust und Herrschaft«, bestätigt für seine Welt der Dorfrichter Adam mit seinem die ideale Ordnung der Welt so tief verstörenden Mißbrauch der Amtsgewalt zur Durchsetzung aggressiv gewordener Begierden. [...]

E. Theodor Voss: Kleists ›Zerbrochner Krug‹ im Lichte alter und neuer Quellen. In: Wissen aus Erfahrungen. Werkbegriff und Interpretation heute. Festschrift für Herman Meyer zum 65. Geburtstag. In Verbindung mit Karl Robert Mandelkow und Antonius H. Touber hrsg. von Alexander von Bormann. Niemeyer, Tübingen 1976, S. 347 und 350. Ausschnitte.

5. Johann Wolfgang von Goethe: [Brief an Adam Müller]

(28. August 1807)
Der ›Zerbrochene Krug‹ hat außerordentliche Verdienste, und die ganze Darstellung dringt sich mit gewaltsamer Gegenwart auf. Nur schade, daß das Stück auch wieder dem unsichtbaren Theater angehört. Das Talent des Verfassers, so lebendig er auch darzustellen vermag, neigt sich doch mehr gegen das Dialektische hin; wie er es denn selbst in dieser stationären Prozeßform auf das wunderbarste manifestiert hat. Könnte er mit eben dem Naturell und Geschick eine wirklich dramatische Aufgabe lösen und eine Handlung vor unsern Augen und Sinnen sich entfalten lassen, wie er hier eine vergangene sich nach und nach enthüllen läßt, so würde es für das deutsche Theater ein großes Geschenk sein. Das Manuskript will ich mit nach Weimar nehmen, in der Hoffnung Ihrer Erlaubnis, und sehen, ob etwa ein Versuch der Vorstellung zu machen sei. Zum Richter Adam haben wir einen vollkommen passenden Schauspieler, und auf diese Rolle kommt es vorzüglich an. Die andern sind eher zu besetzen.

Zitiert nach: Heinrich von Kleists Lebensspuren, s. o., S. 134. Ausschnitt.

6. [Rezension der Uraufführung]

(1808)

Aus Weimar. Neulich wurde hier zur Fastnacht ein neues burleskes Lustspiel vom Herrn *v. Kleist* gegeben: ›der zerbrochene Krug‹. Die Geschichte des Stücks ist wirklich komisch, und es würde gewiß sehr gefallen haben, wenn es auf einen Akt zusammengedrängt und alles gehörig in lebhafte Handlung gesetzt wäre. Stattdessen ist es aber in drei lange Akte abgeteilt, und besonders wird im letzten Akte so entsetzlich viel und alles so breit erzählt[6], daß dem sonst *sehr geduldigen* Publikum der Geduldfaden endlich ganz riß, und gegen den Schluß ein solcher Lärm sich erhob, daß keiner imstande war, von den ellenlangen Reden auch nur eine Silbe zu verstehn. Unsre neuesten Poeten von Talent sind so stolz, daß sie glauben, dem Publikum alles bieten zu können, und daß sie meinen, es müsse sich schon geehrt fühlen, wenn man sich nur herablasse, ihm etwas zum Besten zu geben.

Zeitung für die elegante Welt, 14. März 1808.

Zitiert nach: Heinrich von Kleists Lebensspuren, s. o., S. 185.

---

(6)* Für die Uraufführung am Weimarer Hoftheater am 2. März 1808 hatte Goethe das Stück in drei Akte aufgeteilt. Dies und die anders ausgerichteten Erwartungen der Zuschauer waren wohl die Hauptgründe für den Mißerfolg. Außerdem wurde eine längere Fassung des letzten Auftritts gespielt (der heute sog. ›Variant‹), in dem Eve ausführlich die Zudringlichkeiten und das erpresserische Verhalten Adams schildert.

II. Biographie, historische Wirklichkeit und Werk

1. Elisabeth Fehrenbach: [Bürgerliche und politische Freiheit im Aufgeklärten Absolutismus]

(1981)

[...] Das größte Hindernis für die Selbstentfaltung der Gesellschaft lag wohl im Regierungssystem des Aufgeklärten Absolutismus begründet. Nach Friedrichs II. Ansicht war der Herrschaftsvertrag unwiderruflich. Der absolutistisch regierende Monarch war nicht dazu bereit, politische Rechte an die Gesellschaft abzutreten und das Freiheitsideal der Aufklärer zu erfüllen. Selbst die preußischen Landrechtsautoren[7], wie Svarez und Klein, die sich weit mehr der Aufklärungsphilosophie verpflichtet fühlten als Friedrich der Große, beharrten auf dem Standpunkt, daß man die bürgerliche Freiheit genießen könne, ohne an der politischen teilzuhaben. Es sei möglich, so meinte Ernst Ferdinand Klein, die eine, nämlich die Freiheit vom Staat, zu besitzen, ohne die andere, nämlich den freien Staat, zu haben. Die »bürgerliche Freiheit« beschränkte sich auf eine private Reservatsphäre, die der Staat respektierte. Deshalb war der Aufgeklärte Absolutismus nur im Rahmen einer Gesellschaftsordnung möglich, in der ein politisch-selbstbewußtes Bürgertum noch nicht existierte. Der Reformmonarchismus stieß insofern an seine eigenen Grenzen, denn die egalisierende Gesellschaftsveränderung, die er zugunsten des Bürgertums einleitete, bedeu-

---

(7)* Preußisches Allgemeines Landrecht (1780–1794), von Friedrich II. angeordnete Zusammenfassung des gesamten in Preußen geltenden Rechts. Das 1794 in Kraft getretene Gesetzbuch stand unter dem starken Einfluß des Naturrechts und der Aufklärung.

tete zugleich eine Gefahr für die monarchische Selbstherrschaft. [...]

Elisabeth Fehrenbach: Vom Ancien Régime zum Wiener Kongreß. Oldenbourg Verlag, München 1981. (= Oldenbourg-Grundriß der Geschichte Bd. 12), S. 53 f. Ausschnitt.

2. Peter Scheiner: [Umbruch des Denkens]

(1980)

[...] Der Ausbruch der Französischen Revolution 1789, die Ausrufung der Republik in Frankreich 1792, die Hinrichtung von König Ludwig XVI. 1793 hatten Signale gesetzt. Anstelle von Gehorsam, Pflicht und Ehre tauchten neue Wertbegriffe auf: Freiheit, Gleichheit, Brüderlichkeit. Die absolutistische Herrschaftsordnung, wie sie sich in der Regierungszeit Friedrichs des Großen in Preußen stabilisiert hatte, war gegen Ende des Jahrhunderts in Frage gestellt. Reformen, d. h. eine Anpassung des Staatswesens an die veränderte gesellschaftliche Situation in Mitteleuropa, wären dringend notwendig gewesen. Die preußische Regierung versagte angesichts dieser Herausforderungen. Statt auf Reformen setzte man auf Abschottung des Staates gegenüber den revolutionären Strömungen der Zeit und auf eine vorsichtig-lavierende Außenpolitik gegenüber Frankreich, das mit seinen Armeen ganz Europa zu erobern drohte.

Vor dem Hintergrund des Zusammenbruchs der alten europäischen Staatenordnung muß Kleist gerade in dieser Scheinstabilität des preußischen Staates den Widerspruch zwischen Anspruch und Wirklichkeit der alten preußischen Wertordnung besonders deutlich empfunden haben. In einem Brief an seinen ehemaligen Hauslehrer [Christian Ernst Martini] rechtfertigt er seinen Entschluß, den Militärdienst aufzugeben. [...]

Kleist stellte sich mit seinem Abschied vom Heer gegen die alte Tradition der Familie, gab die für einen Mann seines Standes gesicherte Karriere im Dienste des Königs auf und vollzog zugleich den entscheidenden Bruch mit den traditionellen Werten und Anschauungen der Gesellschaftsschicht, der er angehörte. Außerhalb der geistigen und sozialen Sicherheiten, die ihm seine Gesellschaft bot, mußte er sich eine neue Grundlage für seine Existenz schaffen. [. . .]

Peter Scheiner: Heinrich von Kleist: Ein Dichter aus dem Geist des Widerspruchs. In: Klassiker heute. Zwischen Klassik und Romantik. Hrsg. von Hans-Christian Kirsch. Fischer Taschenbuch Verlag, Frankfurt a. M. 1980, S. 118 f. Ausschnitte.

3. Heinrich von Kleist: [Abschied vom Soldatenstand]

(18./19. März 1799)

[. . .] Denn eben durch diese Betrachtungen wurde mir der Soldatenstand, dem ich nie von Herzen zugetan gewesen bin, weil er etwas durchaus Ungleichartiges mit meinem ganzen Wesen in sich trägt, so verhaßt, daß es mir nach und nach lästig wurde, zu seinem Zwecke mitwirken zu müssen. Die größten Wunder militärischer Disziplin, die der Gegenstand des Erstaunens aller Kenner waren, wurden der Gegenstand meiner herzlichsten Verachtung; die Offiziere hielt ich für so viele Exerziermeister, die Soldaten für so viele Sklaven, und wenn das ganze Regiment seine Künste machte, schien es mir als ein lebendiges Monument der Tyrannei. Dazu kam noch, daß ich den übeln Eindruck, den meine Lage auf meinen Charakter machte, lebhaft zu fühlen anfing. Ich war oft gezwungen, zu strafen, wo ich gern verziehen hätte, oder verzieh, wo ich hätte strafen sollen; und in beiden Fällen hielt ich mich selbst für strafbar. In solchen Augenblicken mußte natürlich der Wunsch in mir entstehen, einen Stand zu verlassen, in welchem ich von zwei durchaus entgegengesetzten Prinzipien unaufhörlich gemartert wurde, immer zweifelhaft war, ob ich als Mensch oder als Offizier handeln mußte; denn

die Pflichten beider zu vereinen, halte ich bei dem jetzigen Zustande der Armeen für unmöglich.
Und doch hielt ich meine moralische Ausbildung für eine meiner heiligsten Pflichten, eben weil sie, wie ich eben gezeigt habe, mein Glück gründen sollte, und so knüpft sich an meine natürliche Abneigung gegen den Soldatenstand noch die Pflicht, ihn zu verlassen. [...]

Heinrich von Kleist: An Christian Ernst Martini. In: Sämtliche Werke und Briefe, s. o., Bd. II, S. 479. Ausschnitt.

4. Heinrich von Kleist: [»... weg mit allen Vorurteilen«]

(13. November 1800)
[...] Ich will kein Amt nehmen. Warum will ich es nicht? – O wie viele Antworten liegen mir auf der Seele! Ich kann nicht eingreifen in ein Interesse, das ich mit meiner Vernunft nicht prüfen darf. Ich soll tun was der Staat von mir verlangt, und doch soll ich nicht untersuchen, ob das, was er von mir verlangt, gut ist. Zu seinen unbekannten Zwecken soll ich bloßes Werkzeug sein – ich kann es nicht. Ein eigner Zweck steht mir vor Augen, nach ihm würde ich handeln *müssen,* und wenn der Staat es anders will, dem Staate nicht gehorchen *dürfen.* Meinen Stolz würde ich darin suchen, die Aussprüche meiner Vernunft geltend zu machen gegen den Willen meiner Obern – nein, Wilhelmine[8], es geht nicht, ich passe mich für kein Amt. Ich bin auch wirklich zu ungeschickt, um es zu führen. Ordnung, Genauigkeit, Geduld, Unverdrossenheit, das sind Eigenschaften die bei einem Amte unentbehrlich sind, und die mir doch ganz fehlen. Ich arbeite nur für meine Bildung gern und da bin ich unüberwindlich geduldig und unverdrossen. Aber für die Amtsbesoldung Listen zu schreiben und Rechnungen zu führen – ach, ich würde eilen, eilen,

---

(8)* Kleists Verlobte – siehe Zeittafel.

daß sie nur fertig würden, und zu meinen geliebten Wissenschaften zurückkehren. [. . .]

Aber *kann* ich jedes Amt ausschlagen? das heißt, *ist es möglich?* – Ach, Wilhelmine, wie gehe ich mit klopfendem Herzen an die Beantwortung dieser Frage! Weißt Du wohl noch am letzten Abend den Erfolg unsrer Berechnungen? – Aber ich glaube doch immer noch – ich habe doch noch nicht alle Hoffnung verloren – – Sieh, Mädchen, ich will Dir sagen, wie ich zuerst auf den Gedanken kam, daß es wohl möglich sein müsse. Ich dachte, Du lebst in Frankfurt, ich in Berlin, warum könnten wir denn nicht, ohne *mehr* zu verlangen, zusammen leben? Aber das Herkommen will, daß wir ein Haus bilden sollen, und unsere Geburt, daß wir mit Anstand leben sollen – o über die unglückseligen Vorurteile! Wie viele Menschen genießen mit wenigem, vielleicht mit einem paar hundert Talern das Glück der Liebe – und wir sollten es entbehren, weil wir von Adel sind? Da dachte ich, weg mit allen Vorurteilen, weg mit dem Adel, weg mit dem Stande – *gute Menschen* wollen wir sein und uns mit der Freude begnügen, die die Natur uns schenkt. *Lieben* wollen wir uns, und *bilden,* und dazu gehört nicht viel Geld – aber doch etwas, *doch etwas* – und ist das, was wir haben, wohl hinreichend? Ja, das ist eben die große Frage. [. . .]

Ich bilde mir ein, daß ich Fähigkeiten habe, seltnere Fähigkeiten, meine ich – Ich glaube es, weil mir keine Wissenschaft zu schwer wird; weil ich rasch darin vorrücke, weil ich manches schon aus eigener Erfahrung hinzugetan habe – und am Ende glaube ich es auch darum, weil alle Leute es mir sagen. Also kurz, ich glaube es. Da stünde mir nun für die Zukunft das ganze schriftstellerische Fach offen. Darin fühle ich, daß ich sehr gern arbeiten würde. – O da ist die Aussicht auf Erwerb äußerst vielseitig. Ich könnte nach Paris gehen und die neueste Philosophie in dieses neugierige Land verpflanzen – [. . .]

Heinrich von Kleist: An Wilhelmine von Zenge. In: Sämtliche Werke und Briefe, s. o., Bd. II, S. 584 f. und 586 f. Ausschnitte.

5. Heinrich von Kleist: [Unerkennbarkeit der Wahrheit]

(22. März 1801)

[...] Ich hatte schon als Knabe (mich dünkt am Rhein durch eine Schrift von Wieland[9]) mir den Gedanken angeeignet, daß die Vervollkommnung der Zweck der Schöpfung wäre. Ich glaubte, daß wir einst nach dem Tode von der Stufe der Vervollkommnung, die wir auf diesem Sterne erreichten, auf einem andern weiter fortschreiten würden, und daß wir den Schatz von Wahrheiten, den wir hier sammelten, auch dort einst brauchen könnten. Aus diesen Gedanken bildete sich so nach und nach eine eigne Religion, und das Bestreben, nie auf einen Augenblick hienieden still zu stehen, und immer unaufhörlich einem höhern Grade von Bildung entgegenzuschreiten, ward bald das einzige Prinzip meiner Tätigkeit. *Bildung* schien mir das einzige Ziel, das des Bestrebens, *Wahrheit* der einzige Reichtum, der des Besitzes würdig ist. [...]

Vor kurzem ward ich mit der neueren sogenannten Kantischen Philosophie[10] bekannt – und Dir muß ich jetzt daraus einen Gedanken mitteilen, indem ich nicht fürchten darf, daß er Dich so tief, so schmerzhaft erschüttern wird, als mich. Auch kennst Du das Ganze nicht hinlänglich, um sein Interesse vollständig zu begreifen. Ich will indessen so deutlich sprechen, als möglich.

Wenn alle Menschen statt der Augen grüne Gläser hätten, so würden sie urteilen müssen, die Gegenstände, welche sie dadurch erblicken, *sind* grün – und nie würden sie entscheiden können, ob ihr Auge ihnen die Dinge zeigt, wie sie sind, oder ob es nicht etwas zu ihnen hinzutut, was nicht

(9)* Christoph Martin Wieland (1733–1813), Dichter der Aufklärung und Wegbereiter der Klassik; mit seinem Sohn Ludwig war Kleist befreundet (vgl. I, 1).

(10)* Immanuel Kant (1724–1804), Philosoph der Aufklärung, untersuchte die Voraussetzungen und Grenzen der menschlichen Erkenntnisfähigkeit; kam zu dem Schluß, daß die meisten metaphysischen Fragen von der menschlichen Vernunft nicht gelöst werden könnten. Erkenntnis müsse sich deswegen auf die »Erscheinungen« beschränken.

ihnen, sondern dem Auge gehört. So ist es mit dem Verstande. Wir können nicht entscheiden, ob das, was wir Wahrheit nennen, wahrhaft Wahrheit ist, oder ob es uns nur so scheint. Ist das letzte, so *ist* die Wahrheit, die wir hier sammeln, nach dem Tode nicht mehr – und alles Bestreben, ein Eigentum sich zu erwerben, das uns auch in das Grab folgt, ist vergeblich –
Ach, Wilhelmine, wenn die Spitze dieses Gedankens Dein Herz nicht trifft, so lächle nicht über einen andern, der sich tief in seinem heiligsten Innern davon verwundet fühlt. Mein einziges, mein höchstes Ziel ist gesunken, und ich habe nun keines mehr – [. . .]

Heinrich von Kleist: An Wilhelmine von Zenge. In: Sämtliche Werke und Briefe, s. o., Bd. II, S. 633 und 634. Ausschnitte.

6. Heinrich Deiters: [Kleist und die preußischen Reformen]

(1956)

[. . .] Nach den vergeblichen Versuchen, sich in Frankreich oder der Schweiz eine neue Existenz zu schaffen, und nach seinem Zusammenbruch in Paris kehrte Kleist gezwungenermaßen in seine Heimat zurück und nahm nun doch eine Stellung in der preußischen Finanzverwaltung an. Er wurde im Frühjahr 1805 nach Königsberg geschickt, um sich in der dortigen Provinzialbehörde in seine Tätigkeit einzuarbeiten und sich durch Studien und praktische Tätigkeit finanzwissenschaftliche Kenntnisse zu erwerben. Dort begann ein neuer Abschnitt in der Entwicklung seiner politischen Anschauungen. Seitdem Kleist vor Jahren seine Heimat verlassen hatte, war Preußens Lage eine völlig andere geworden. Die Grundlage seiner Außenpolitik, Erhaltung der Neutralität zwischen Frankreich und dessen Gegnern Rußland und Österreich, geriet ins Wanken, seitdem sich Napoleon zu einem neuen Schlag gegen Österreich anschickte. In den Kreisen der leitenden Persönlichkeiten setzte sich immer mehr der Gedanke durch, daß wirtschaftliche und soziale Reformen auch in Preußen nicht mehr zu umgehen waren. Das alte friderizianische System ging seinem Ende entgegen.

[...] Kleist trat also in Königsberg in einen Kreis von Männern, die schon damals an die Stelle des bisher herrschenden Merkantilismus eine liberale Wirtschaftspolitik zu setzen begannen und die später an den Reformen Steins und Hardenbergs[11] hervorragend mitgewirkt haben. [...]

Kleists Lustspiel richtete sich mit der Satire einer ländlichen Gerichtsverhandlung gegen das Gerichtswesen und die Rechtsprechung auf dem Lande. Trotz der holländischen Kostümierung konnte, als die Dichtung in Kleists späterer Dresdener Periode an die Öffentlichkeit trat, niemand verkennen, daß die Patrimonialgerichtsbarkeit in den alten Provinzen Preußens gemeint war. Die Landleute, die auftraten, sind schon durch ihre Ausdrucksweise als märkische Bauern gekennzeichnet. Die Patrimonialgerichtsbarkeit, die dem Gutsherrn zustand, war eines der wichtigsten Attribute der adligen Herrenkaste und sicherte ihre Herrschaft über die erbuntertänige Bauernschaft. Kleists unausgesprochene, aber anschauliche und überzeugende Kritik an dem ländlichen Gerichtswesen hat einen politischen Sinn. Der Dichter stellte sich damit auf die Seite der Männer, die schon vor der Katastrophe von 1806 die Aufhebung der Erbuntertänigkeit und die Befreiung der Bauern von den Feudallasten auch in Preußen für notwendig hielten. Darin kommt der biographische Zusammenhang zwischen dem Lustspiel und dem Königsberger Aufenthalt des Dichters zum Ausdruck. Zwar wird die Autorität der höheren Justizbehörden und damit des Staates selbst in dem Lustspiel nicht angegriffen: Der revidierende Gerichtsrat sorgt dafür, daß der Dorfrichter überführt und das Bauernmädchen gerettet wird. Die Staats-

(11)* Nach dem Zusammenbruch 1806/07 im Krieg gegen Napoleon I. versuchten die Reformer Stein, Hardenberg und Scharnhorst den preußischen Staat durch die Bauernbefreiung, die Selbstverwaltung der Städte und die allgemeine Wehrpflicht von innen her zu erneuern.

männer, in deren Kreis Kleist durch seine amtliche Tätigkeit eintrat, wollten keinen Umsturz, sondern eine Reform der bäuerlichen Verhältnisse durch Maßnahmen der Regierung. Aber daß sie damit eine gründliche Veränderung der gesellschaftlichen Verhältnisse auf dem Lande, den Übergang vom Feudalsystem zu bürgerlichen Wirtschaftsverhältnissen, einleiteten, war weder ihnen selbst noch ihren Gegnern verborgen. Kleists Lustspiel bildet den Beitrag des Dichters zur Bauernbefreiung in Preußen. [...]

Heinrich Deiters: Heinrich von Kleist und die politischen Kämpfe seiner Zeit. In: Beiträge zum neuen Geschichtsbild. Zum 60. Geburtstag von Alfred Meusel. Hrsg. von Fritz Klein und Joachim Streisand. Rütten & Loening, Berlin 1956, S. 185 ff. Ausschnitte.

7. Patrimonialgerichtsbarkeit, Gutsgerichtsbarkeit

(1972)
Die frühere niedere Privat-Gerichtsbarkeit, die mit dem Besitz eines Rittergutes (Patrimonium [= väterliches Erbgut]) verbunden war. In der Regel wurde die P. durch einen Gerichtshalter (Justitiar) ausgeübt, vom Staat auf Vorschlag des Gerichtsherrn bestellt. Die Abschaffung der P. erfolgte seit der Mitte des 19. Jh. in den meisten dt. Ländern; 1877 wurden ihre letzten Reste aufgehoben.

Konrad Fuchs/Heribert Raab: dtv-Wörterbuch zur Geschichte. Bd. II. Deutscher Taschenbuch Verlag, München 1972, S. 604.

III. Aspekte der Handlung und der Deutung

1. Ewald Rösch: [Ernsthafte Gefährdung im komischen Kontext]

(1974)

[...] Die dramatische Situation dieser Komödie ist durchgängig die des Verhörs. In den drei Anfangsszenen steht Adam unter den inquisitorischen Erkundungen des Schreibers, dann unter den zunehmend unbehaglichen Fragen des Gerichtsrats. Beginnt endlich die Vernehmung der Zeugen, unterliegt Adam seinerseits der argwöhnischen Examination des Revisors, die offen seiner sonderbaren Prozeßführung gilt und heimlich schon dem aufkommenden persönlichen Verdacht nachgeht; in der Pause sucht Walter dem Richter erst recht auf den Zahn zu fühlen. Die Zeugen untereinander nehmen sich ständig ins Verhör: Veit den Ruprecht, die Mutter das Evchen. So geht es bis hin zu der großen Befragung (besonders im ›Variant‹), in der Walter am Ende Schuld oder Schuldlosigkeit des Mädchens direkt zu ergründen sucht.

Für den längst eingeweihten Zuschauer ist Evchen bei allen diesen Verhören stets in doppelter Hinsicht auf die Probe gestellt: In der offenen Verhandlung, die dem Rechtsstreit der Mutter mit Ruprecht gilt, geht es um den Hergang der Krugbeschädigung und damit um die Unschuld des Mädchens. In einem unterschwelligen Prozeß aber, der ein tieferes Interesse gewinnt, ist ihre Liebe, ihre Treue einer verborgenen Prüfung unterworfen, die sie nur im Schein der Untreue bestehen kann. Wird sie (von Ruprecht geschmäht, von der Mutter bedrängt und vom Richter erpreßt) das vermeintlich bedrohte Leben ihres Geliebten dem Erweis ihrer eigenen mädchenhaften Unschuld aufopfern? Der Zuschauer weiß zwar, dieser verborgene Konflikt wird in dem komödienhaften Kontext nicht bis zur Ausweglosigkeit vorgetrieben werden. Aber auch unser

Wissen um die erlogenen Voraussetzungen ihres Dilemmas hebt seine Symptomatik nicht auf. Die Behauptung ihres Ansehens in der Öffentlichkeit mag zunächst sekundär erscheinen gegenüber der selbstlosen Rettung des Ruprecht, und doch geht es im gesellschaftlichen Umkreis dieser Gestalten nicht allein um das innere Bewußtsein der Schuldlosigkeit. Die öffentliche Achtung bedeutet für Eve die Möglichkeit ihres Lebens und ihrer Liebe. Der Bräutigam will sie verstoßen. Sie droht Ruprecht für immer zu verlieren – in Batavia oder in Huisum. Innerlichkeit und Öffentlichkeit erscheinen schon hier als die Pole einer dialektischen Beziehung, die jenem Prozeß zugrunde liegt, der mit dem Verlust der Naivität, mit dem Zerbrechen des Krugs bezeichnet ist.
In den Augen des Zuschauers ist darum auch Ruprecht bei seinem Verhör nicht nur nach dem Hergang des gestrigen Renkontres gefragt, sondern unterschwellig zugleich nach seinem Vertrauen zu Eve, nach jenem unerhörten Vertrauen wider allen Augenschein, das Kleist nicht selten den Gestalten seiner Dichtung abverlangt. An dieser Vertrauensprobe wird Ruprecht um so tiefer schuldig, je mehr er auf seine Schuldlosigkeit am Zerschlagen des Kruges pocht. An der unbedingten Forderung der Eve erscheint er bei all seinem Auftrumpfen doch im Innern als klein. [...]

Ewald Rösch: Bett und Richterstuhl. Gattungsgeschichtliche Überlegungen zu Kleists Lustspiel ›Der zerbrochne Krug‹. In: Kritische Bewahrung. Festschrift für Werner Schröder zum 60. Geburtstag. Hrsg. von Ernst-Joachim Schmidt. Erich Schmidt Verlag, Berlin, 1974, S. 451 f. Ausschnitt.

2. Hermann August Korff: [Adam als unmoralischer Bösewicht]

(1953)

[. . .] Aber sicherlich ist diese Kunst der absoluten Charakteristik nicht nur überhaupt eine *begrenzte* Kunst, sondern speziell auch die Gattungsgrenze, die den Rang des ›Zerbrochnen Kruges‹ bestimmt. Dieser Rang nämlich ist *weniger hoch,* als die Freude über seine künstlerische Vollkommenheit zu glauben pflegt. Gerade der Vergleich mit Falstaff[12] zeigt diese Grenze mit aller Deutlichkeit. Er zeigt, daß jede, auch die best-charakterisierte Gestalt menschliche Substanz besitzen und etwas *Positives* haben muß, wenn sie auch dichterisch etwas Wirkliches bedeuten soll. Von Falstaff, der von überschäumendem Leben strotzt und hin und wieder sogar von genialen Zügen blitzt, begreifen wir immerhin, daß selbst ein Königssohn in unverantwortlichen Jahren mit ihm sich amüsieren kann. Der Dorfrichter Adam dagegen ist trotz seiner grotesken Lügenbegabung innerlich ein armseliger Wicht, der nur durch die komische Situation, in die er gerät, uns Spaß erregt. Nichts Positives bleibt von ihm zurück. Wir lachen über ihn, aber dieses Lachen ist auch das einzige, was uns veranlassen kann, mit seiner Niedrigkeit fürliebzunehmen. Er steht deshalb dichterisch auch hinter derjenigen späteren Lustspielgestalt zurück, die ihm noch am ehesten zu vergleichen wäre, der Mutter Wolffen in Hauptmanns ›Biberpelz‹. Auch sie besitzt, was Adam fehlt, eine trotz aller moralischen Angreifbarkeit letzten Grundes *gesunde Natur.* Auch sie hat menschliches Format. Wenn schon durch Qualitäten, die einer wesentlich *vormoralischen* Welt angehören, aber gerade das relative Recht auch dieser Qualitäten zeigen. Wir sympathisieren – trotz allem – mit ihr, während wir uns über Adam nur amüsieren, ohne im geringsten mit ihm zu sympathisieren. Und nur weil er uns amüsiert, suspendieren wir gleichsam vorübergehend

---

(12)* Figur aus ›Heinrich IV.‹ und den ›Lustigen Weibern von Windsor‹ von William Shakespeare.

unseren *Wider*willen, den uns seine ganz niedrige und gemeine Person erregt. Von wirklicher Lebensfülle ist hier keine Rede. Er ist nur ein in seinem schmutzigen Bau unvermutet aufgestöbertes Tier, das sich auf komisch-verzweifelte Weise seiner Haut wehrt und schließlich zum allgemeinen Gaudium zur Strecke gebracht wird. [...]

Hermann August Korff: Geist der Goethezeit. IV. Teil. Koehler & Amelang, 7. unv. Aufl. Leipzig 1966, S. 272 f. Ausschnitt.

3. Fritz Martini: [Adam als Spielfigur und die Struktur des Lustspiels]

(1965)

[Die dramatische Spielgestaltung] wird einmal durch die dargestellte Wirklichkeit bestimmt, zugleich aber durch deren Darstellung gegenüber dem Zuschauer. Sie baut eine fiktive Wirklichkeit in Charakteren, Milieu und Vorgängen auf, und sie organisiert deren Abbildung oder ›Vorstellung‹ nach Prinzipien, die dem intendierten Spezies- und Wirkungscharakter des Spiels zu entsprechen haben. Adams Charakter kennzeichnet eine unbedenkliche Bereitschaft zu jeder erdenklichen Täuschung, List und Lüge. Wie jedoch wird aus solchem Charakter die Spielfigur, die ›Rolle‹ gestaltet, damit ein Lustspiel zustande kommt? Wie wird dieser Charakter ›ins Spiel‹ gesetzt?

Ein genau gezielter Kunstgriff Kleists liegt darin, daß er die Dialogstellen, an denen Adam seine Ausreden und Falschdarstellungen dessen, was zu seiner ersichtlichen Verlegenheit, seinem körperlichen Zustande, zum Verlust seiner Perücke, seines Amts- und Würdezeichens, geführt hat, vorbringt, vor den Beginn des eigentlichen Prozesses verlegt: in den ersten Auftritt seine Geschichte vom Straucheln auf glattem Boden, vom Fall aus dem Bett, vom Gefecht mit dem Ziegenbock an der Ofenecke, in den zweiten Auftritt die fabulöse Geschichte von der Perücke, in den vierten Auftritt die ganz unnötige Falschrede gegenüber dem Gerichtsrat, daß »Euer Gnaden Diener« ihn über das

Unglück des Richters in Holla informiert habe. Kleist läßt Adam diese Täuschungsgeschichten in Situationen vorbringen, die sie als Täuschungen durchsichtig machen, so daß sie in einen Widerspruch mit sich selbst geraten müssen, als Täuschungen zumindest sehr verdächtig, wenn nicht schon entlarvt werden. Indem Kleist Adam als Lügner vorführt, läßt er erkennen, daß er eigentlich gar nicht lügen kann, wie sehr er auch bemüht ist, sich dahinter zu verstecken. Zu deutlich spricht gegen ihn, wie er sich wiederholt, wie in Geistesabwesenheit in sich selbst versunken, verrät. [. . .]
Die durchschaubare und sich selbst bestreitende Lüge ist keine Lüge mehr – sie ist eine zweite Fiktion innerhalb des fiktiven Spiels, und auf die Darstellung dieses in unerschöpflich scheinenden Variationen sich vorführenden fingierten Spiels, das die dramatische Spielsituation potenziert, ist Kleists Gestaltung gemäß dem Gesetz des Lustspiels gerichtet. [. . .]
[. . .] So wird der Zuschauer früher als die Partner Adams zum Zeugen, wie er selbst im Geständnis der Wahrheit vorauseilt und sich demaskiert, bevor er demaskiert wird. Der Zuschauer wird durch Adam in die Distanz überlegener Einsicht und einer die Täuschungen ahnenden und bald durchschauenden Heiterkeit auch gegenüber den anderen Figuren versetzt – mit Ausnahme der Figur Eves. Sie gibt dem Spiel den Gegenhalt: den Ernst einer Lebenssituation, der ebenso das ›Spiel‹ Adams profiliert wie wiederum durch es profiliert wird. Adam verteidigt sich gegen die Anklage, bevor sie vorgebracht worden ist. Er gesteht, bevor seine Partner an ihn als den Schuldigen denken. Damit ist die komische Spannung des durchsichtigen Widerspruchs, die ästhetisch das Lustspiel konstituiert, in seine Figur selbst eingelegt. [. . .]

Fritz Martini: Kleists ›Der zerbrochne Krug‹ – Bauformen des Lustspiels. In: Jahrbuch der deutschen Schillergesellschaft 9/1965. Zitiert nach: Lustspiele – und das Lustspiel. Ernst Klett Verlag, Stuttgart 1974, S. 168 f, 170 und 176 f. Ausschnitte.

4. Georg Lukács: [Gemälde des damaligen Preußen]

(1936)

[...] Für die marxistische Literaturbetrachtung ist das gestaltete Werk und seine Beziehung zur objektiven Wirklichkeit entscheidend. Und im ›Zerbrochnen Krug‹ haben wir ein großartiges Gemälde des damaligen Preußen vor uns, das – gleichviel ob aus politischen oder ästhetischen Gründen – als patriarchalisches Holland vor uns steht. Die holländischen Züge sind aber nur sekundär und artistisch dekorativ. Das Wesentliche ist auch hier, wie in ›Michael Kohlhaas‹, die künstlerische Zerstörung der romantischen Idylle von der »guten alten Zeit«. Die Willkür der patriarchalischen Gerichtsbarkeit auf dem Lande, die Mißhandlung der Bauern durch die Obrigkeit, das tiefe Mißtrauen der Bauern allem gegenüber, was von »oben« kommt, ihr Gefühl, daß man sich vor der Behörde nur durch Bestechung und Betrug schützen kann, einerlei ob diese Bestechung durch Geld, Geschenke oder durch sexuelle Nachgiebigkeit geschieht, ergibt zusammen ein hervorragendes realistisches Bild des damaligen ländlichen Preußen. Und es ist sehr interessant zu beobachten, wie hier auch die Lieblingsmotive von Kleists psychologischer Gestaltung einen gesellschaftlichen Inhalt erhalten. Auch in der Heldin dieses Lustspiels spielt das Kleistsche Mißtrauen eine große Rolle. Ihr Mißtrauen richtet sich aber gegen die Obrigkeit, auch gegen den »guten« Revisor, der den Dorfrichter entlarvt und am Ende alles in Ordnung bringt. Es wäre sehr ungerecht, Kleist wegen dieses optimistischen Schlusses einen Vorwurf zu machen. Nur auf der Grundlage einer in diesem Optimismus zum Ausdruck kommenden Illusion konnte hier überhaupt ein Lustspiel entstehen. [...]

Georg Lukács: Die Tragödie Heinrich von Kleists. In: Deutsche Literatur in zwei Jahrhunderten. Werke Bd. 7. Luchterhand Verlag, Neuwied und Berlin 1964, S. 225. Ausschnitt.

5. Wolfgang Schadewaldt: ›Der zerbrochne Krug‹ und Sophokles' ›König Ödipus‹[13]

(1957)

[...] Um zunächst die entsprechenden Grundzüge der beiden Handlungen nachzuzeichnen, so ist nach des Dichters eigenem Hinweis in jenem Vorwort der Schreiber Licht im ›Zerbrochnen Krug‹ ein anderer Kreon. Wie dieser sich im Sophokleischen ›Ödipus‹ mindestens den Verdacht gefallen lassen muß, er habe es auf den Sturz des Königs abgesehen, so erregt der Schreiber Licht im ›Zerbrochnen Krug‹ den ähnlichen Argwohn des Richters Adam: »Ihr wollt auch gern, ich weiß, Dorfrichter werden ...« (I. Auftritt). Und wirklich ist es nicht zuletzt Licht, der den Richter im weiteren Verlauf des Stückes hineinreitet. Kreon wie Licht werden, hier in der Tragödie, dort im Lustspiel, dann auch die Nachfolger des Königs Ödipus – des Richters Adam, die beide als die Hauptfiguren in ihren Handlungen nun eine ganze Reihe sprechender Züge gemeinsam haben. Auch Ödipus, der König, ist ein Richter – das Richteramt pflegt in alten Zeiten fest mit der Königswürde verbunden zu sein –, und hauptsächlich als Richter handelt er in dem Stück. Umgekehrt ist der Dorfrichter Adam durch seinen Klumpfuß von Kleist, gewiß nicht ohne wohlerwogene Absicht, recht deutlich als ein anderer »Schwellfuß«, das ist: Oidi-pus, hingestellt. Und beide, König wie Richter, haben nun in der Tragödie wie im Lustspiel eine noch unentdeckte Tat begangen, die sie im Gang der Handlung selbst als Richter aufdecken sollen: eine richterliche Fahndung, die, zuerst zurückhaltend, dann immer deutlicher, auf eine Selbstfahndung hinausläuft. Und weiter: den Anstoß für die Handlung gibt in der Tragödie ein Spruch des Delphischen Orakels, in der Komödie steht an dieser Stelle die Verfügung eines Obertribunals in Utrecht, das der Gerichtsrat Walter in Person verkörpert. [...]

---

(13)* Siehe Anmerkung 2.

Volle Übereinstimmung besteht schließlich in der Struktur der beiden Handlungen. Die Handlung in der Tragödie wie auch der Komödie ist eine Enthüllungshandlung, ein Geschehen der Wahrheit, die an den Tag kommen will und soll und auch an den Tag kommt, und damit verbunden zugleich ein Geschehen der Reinheit, sei es im Sinne einer oberrichterlich verfügten Säuberungsaktion, sei es im Sinne der staatlich-sakralen Austreibung einer Befleckung des Landes im ›Ödipus‹. – Hier aber ist es nun, wo sich bei näherem Zusehen die Dinge ins Spiegelbildliche verkehren und aus dem, was in der hohen Welt der Tragödie das Erhabene und Erschütternde ist, in der kleinen vertrackten Alltagswelt der Komödie das Lächerliche wird. [. . .]

Wolfgang Schadewaldt: ›Der zerbrochne Krug‹ von Heinrich von Kleist und Sophokles' ›König Ödipus‹. Jetzt in: Heinrich von Kleist. Aufsätze und Essays. Hrsg. von Walter Müller-Seidel. Wissenschaftliche Buchgesellschaft, Darmstadt [2]1973, S. 318 f. Ausschnitte.

IV. Gattung, Komik, Sprache

1. Hans Joachim Schrimpf: [Zu Sprache und Komik]

(1958)

[...] Der durchgegliederten, auf Einheit und Konzentration zielenden Bauform des ›Krugs‹ ist die Verwendung des Verses gemäß. Es sind überwiegend fünffüßige Jamben. Auch hier zeigt sich, wie weit Kleist von einem derbrealistischen Volksstück abgerückt ist. Wie der Vers erscheint auch die Sprache keineswegs volkstümlich naturalistisch, sondern stark stilisiert. Die Einheitsfunktion von Vers und Sprache überwiegt ihren individuell charakterisierenden Ausdrucksrealismus. Das Drastisch-Bäuerliche liegt eigentlich nur in den verwendeten massiven Ausrufen und Anreden, in häufigen volksmäßigen Einschüben wie »sag ich«, »denk ich«, nicht in der Sprachgebärde oder in der Syntax, die häufig recht kompliziert, vorwiegend hypotaktisch ist. Die Figuren reden bilderreich, ihre Sprache ist voller Gleichnisse und kunstvoller Metaphern. Auch dies ein Merkmal konzentrierender Stilisierung. Dennoch weichen Kleists Vers und Sprache deutlich vom klassischen Stil ab. Denn sie sind weder rhetorisch noch repräsentativ im Sinne allgemein gültiger Aussagen. Es wird nicht direkt, gradsinnig gesprochen, sondern verdeckt und verstellt. Aber zugleich wird die Sprache verräterisch, nicht durch das, was der einzelne sagt und meint, sondern durch das, was sie selbst, wenn sie sich verselbständigt, an Ausdrucksgebärde hergibt. Die Betrachtung der Darstellungsmittel der Kleistschen Komik kann das im einzelnen sichtbar machen. Sprachgebärde zeigt sich schließlich auch in der vom Dichter häufig verwandten Zerlegung des Verses im Dialog durch Verteilung kleinster Einheiten auf verschiedene Personen, in dem stockenden, spröden, immer wieder gehemmten und gestauten Rhythmus, der die Sprachnot des Menschen verrät, welcher sich im Wort nur unvollkommen aussagen und verständigen kann.

Worin liegt nun die eigentümliche Komik des ›Zerbrochnen Krugs‹? Kleist bedient sich der verschiedensten Mittel, zum großen Teil durchaus der herkömmlichen Art: von den üblichen Requisiten über die Situationskomik, Verwechslungen und Sprachzweideutigkeit (Wortwitz, Wortspiel) bis zur Charakterkomik. Vornehmlich geht sie hier von der Gestalt des sinnlich-strotzenden Dorfrichters selbst und der analytischen Handlung aus. Lessing sagt in der ›Hamburgischen Dramaturgie‹ (28. Stück): »Jede Ungereimtheit, jeder Kontrast von Mangel und Realität ist lächerlich.« Das ist zwar eine noch undifferenzierte, dafür aber umfassende allgemeine Bestimmung des Komischen. Kants Definition: »Das Lachen ist ein Affekt aus der plötzlichen Verwandlung einer gespannten Erwartung in nichts«, der auch Staiger, wenngleich abwandelnd, mit seiner Bestimmung von dem »Entwurf«, der »plötzlich nicht durchgeführt zu werden« braucht, folgt, bezeichnet demgegenüber ein Teilphänomen, das freilich darunter gehört. Denn das Komische kann in jedem Kontrast erscheinen, nicht nur im Herausfallen aus einem vorhergehenden Entwurf. Es bedarf nicht notwendig einer enttäuschten Spannung. Beim Dorfrichter Adam liegt die Komik in dem Kontrast zwischen dem lügenhaften Schein, den er zur Rettung seiner Haut aufzurichten gezwungen ist (der »Mangel«), und dem wahren Sachverhalt. Die Sprache mit ihren verdeckenden und verstellenden Möglichkeiten (eine sehr Kleistische Erfahrung) spielt darum eine große Rolle im ›Zerbrochnen Krug‹. [...]

Hans Joachim Schrimpf: Kleist, Der zerbrochne Krug. In: Das deutsche Drama vom Barock bis zur Gegenwart. Hrsg. von Benno von Wiese. Bd. I. August Bagel Verlag, Düsseldorf 1962, S. 353 f. Ausschnitt.

2. Ewald Rösch: [Adam als Typus – Wiederaufnahme einer Komödientradition]

(1974)

[. . .] Mit der Figur des Adam nimmt Kleist eine Linie der europäischen Buffotradition[14] auf, die bis in die antike Komödie, ja bis zu den Figuren des Mimus[15] zurückreicht. Shakespeares Falstaff ist vielleicht das bekannteste Exemplar dieser Reihe. Wie die Dickbauch-Figur im antiken Mimus mit dem ausgestopften Wanst und dem vorgebundenen Phallos[16] eine doppelte Hypertrophie[17] der Vitalität bezeichnete, so ist auch Adam (wie Falstaff) von einer doppelten Begehrlichkeit getrieben, von der Lust am Essen und Trinken und vom Appetit auf erotische Reize. Eine Fülle von Käse und Schinken, von Würsten und Wein überwuchert förmlich die Gerichtsstube und die Registratur, und Adams Gelüste auf sinnliche Abenteuer überspielen leicht alle Normen des Amts und des Alters.

Diese Gestalt ist nicht nur als Rückgriff, sondern auch als Vorwegnahme zu verstehen. Wie wir hundert Jahre später erneut ein Werk finden, das ähnlich vom Motiv des Gerichts beherrscht scheint, so taucht rund ein Jahrhundert nach dem Dorfrichter wieder eine Komödiengestalt auf, die ähnlich überzeugend den Typus des Dickbauchs, des alten Fressers und Frauenjägers, komödienhaft realisiert: Ochs von Lerchenau[18]. Und immer steht, bei Falstaff wie bei Ochs oder Adam, ihre faunische[19] Tendenz im Konflikt mit ihrer Stellung in der Öffentlichkeit. Alle moralische Entrüstung prallt bei ihnen an einer überwältigenden

(14)* Buffo: ital. »komisch«, Sänger oder Darsteller komischer Rollen.

(15)* possenhafte Darbietung derb-realistischer Szenen aus dem Alltagsleben in der Antike und im Mittelalter, meist improvisiert.

(16)* das männliche Glied.

(17)*übermäßige Vergrößerung.

(18)* Figur aus Hugo von Hofmannsthals und Richard Strauss' Musik-Komödie ›Der Rosenkavalier‹ (1911).

(19)* Faunus: altrömischer Gott, der das Vieh schützte und ihm Fruchtbarkeit verlieh. Er neckte und plagte aber auch die Menschen. In späterer Zeit dachte man sich neben dem einen Gott eine Vielzahl weiterer Faunen.

Körperlichkeit ab. Diese vitale Fülle bringt sie in die komischen Kalamitäten, aber sie sichert ihnen beim Zuschauer (trotz aller Gemeinheiten) auch jenes Quentchen Sympathie, das sie als komische Helden tragbar macht.

Es ist die alte Auseinandersetzung mit der animalischen Physis, die in der antiken Komödie eine große Rolle spielte. [. . .]

[. . .] Seit Gottsched[20] war diese Konfrontation mit der massiven Leiblichkeit aus dem bürgerlichen Lustspiel rigoros ausgeblendet worden. Nun kehrt sie mit der Anstößigkeit einer Obszönität auf die Bühne zurück. Sie schließt sogar – wie in der antiken Komödie – die literarisch totgeglaubte Obszönität der Exkremente wieder mit ein. Adams ständige Bedrängnis mit seinem vor Aufregung revoltierenden Unterleib; das Denkmal seiner Notdurft, das er im Schrecken unterm Baum hinterläßt (Vers 1771 ff.) und das der Spürnase des Schreibers später den Weg weist; der Gestank, den der *Hinketeufel* im Lindengang hinter sich herzieht und der die Muhme Brigitt an höllische Pestilenzen denken läßt (Vers 1688): solch drastische Komik hatte Gottsched bewußt als »Unfläterey« aus der Komödie verbannt, um in ihr jenen abgeschirmten Bezirk autonomer Moral sicherzustellen, in der sich aufgeklärte Bürgerlichkeit entfalten sollte. [. . .]

Ewald Rösch: Bett und Richterstuhl, s. o., S. 456 ff. Ausschnitte.

---

(20)* Johann Christoph Gottsched (1700–1766), Schriftsteller und Dichtungstheoretiker der Aufklärung, bemühte sich um eine Erneuerung des deutschen Dramas nach französischem Muster, wollte die traditionelle Komödienfigur des Possenreißers und Hanswursts von der Bühne vertreiben.

Zeittafel zu Leben und Werk

1777 18. Oktober. Bernd Heinrich Wilhelm von Kleist als ältester Sohn des Kompaniechefs Joachim Friedrich von Kleist und seiner zweiten Frau Juliane Ulrike, geb. von Pannwitz, in Frankfurt a. d. O. geboren.
Erster Unterricht bei dem Hauslehrer Christian Ernst Martini, später Erziehung bei dem Prediger S. H. Catel in Berlin.

1792 Eintritt in das Garderegiment Potsdam als Gefreiter-Korporal.

1793–1795 Teilnahme am Rheinfeldzug.

1797 Beförderung zum Sekondeleutnant.

1799 Kleist erbittet und erhält den Abschied; der König stellt ihm eine spätere Anstellung im Zivildienst in Aussicht. Nach bestandener Reifeprüfung im April immatrikuliert sich Kleist an der Universität Frankfurt a. d. O. und studiert Physik, Mathematik, Kulturgeschichte, Naturrecht und Latein.

1800 Verlobung mit Wilhelmine von Zenge.

1801 März: die sogenannte Kant-Krise. Verschiedene Reisen u. a. nach Paris und in die Schweiz, Aufenthalt in Bern und Thun.
Umgang mit Heinrich Zschokke, Heinrich Geßner, Ludwig Wieland.

1802 Anregung zum ›Zerbrochnen Krug‹ durch den Kupferstich von Le Veau. Kleist soll den Stoff als Lustspiel, Zschokke als Erzählung, Ludwig Wieland als Satire behandeln. – Kleist wohnt auf einer Aare-Insel bei Thun. Arbeit an ›Familie Ghonorez‹ (als ›Familie Schroffenstein‹ 1803 erschienen). Anfänge des ›Guiskard‹. Bruch mit Wilhelmine.

1803 ›Familie Schroffenstein‹ erschienen (anonym). Reisen: Leipzig, Dresden, Paris. Vernichtung des ›Guiskard‹-Manuskripts. Körperlicher und seelischer Zusammenbruch, Selbstmordpläne.

1804 Aufführung der ›Familie Schroffenstein‹ in Graz. Bewerbung um Anstellung im preußischen Zivildienst.

1805 Seit dem 1. Mai Arbeit als Diätar (Angestellter, der Tagegelder erhält) an der Domänenkammer in Königsberg. Hört nebenbei finanz- und staatswissenschaftliche Vorlesungen. ›Der zerbrochne Krug‹ vorläufig fertiggestellt.

1806 Fortdauernde Unpäßlichkeiten, sechsmonatiger Urlaub, Aufgabe der Beamtenlaufbahn. 14. Oktober: Napoleons Sieg bei Jena, Preußens Zusammenbruch.

1807 Auf der Reise nach Dresden Verhaftung als angeblicher Spion. Februar bis Juli in französischer Gefangenschaft. ›Amphitryon‹ erschienen, ›Penthesilea‹ abgeschlossen.

1808 Zeitschrift ›Phöbus‹ zusammen mit Adam Müller herausgegeben.
2. März: Mißlungene Uraufführung des ›Zerbrochnen Krugs‹ in Weimar durch Goethe. ›Die Hermannsschlacht‹ fertiggestellt.

1809 Kleist in Prag. Politische Lyrik.

1810 Uraufführung und Buchausgabe des ›Käthchen von Heilbronn‹, Erscheinen des ersten Bandes ›Erzählungen‹ bei Reimer (›Michael Kohlhaas‹, ›Die Marquise von O ...‹, ›Das Erdbeben in Chili‹), im Oktober die erste Nummer der ›Berliner Abendblätter‹.

1811 Buchausgabe des ›Zerbrochnen Krugs‹ in überarbeiteter Fassung mit gekürztem Schluß. Zweiter Band der Erzählungen bei Reimer (›Die Verlobung in St. Domingo‹, ›Das Bettelweib von Locarno‹, ›Der Findling‹, ›Die heilige Cäcilie‹, ›Der Zweikampf‹). Fertigstellung des Schauspiels ›Prinz Friedrich von Homburg‹. Versuche, eine Anstellung als Redakteur zu finden oder wieder in den preußischen Zivildienst übernommen zu werden.
21. November: Selbstmord am Wannsee bei Berlin zusammen mit Henriette Vogel.

Zusammengestellt in Anlehnung an die Lebenstafel in: Heinrich von Kleist: Sämtliche Werke und Briefe, s. o., Bd. II, S. 1020 ff.

Auswahlbibliographie

Materialsammlungen

Heinrich von Kleists Lebensspuren. Dokumente und Berichte der Zeitgenossen. Hrsg. von Helmut Sembdner, überarbeitete und erweiterte Ausgabe. Deutscher Taschenbuch Verlag, München 1969. (Bd. 8 der dtv-Werkausgabe.)

Heinrich von Kleists Nachruhm. Eine Wirkungsgeschichte in Dokumenten. Hrsg. von Helmut Sembdner. Deutscher Taschenbuch Verlag, München 1977.

Heinrich von Kleist: Der zerbrochne Krug. Erläuterungen und Dokumente. Hrsg. von Helmut Sembdner. Reclam Verlag, Stuttgart 1973.

Hermann, Helmut G.: Der Dramatiker Heinrich von Kleist. Eine Bibliographie. In: Kleists Dramen. Neue Interpretationen. Hrsg. von Walter Hinderer. Reclam Verlag, Stuttgart 1981, S. 238–289.

Horn, Peter: Kleist-Chronik. Athenäum Verlag, Königstein i. Ts. 1980.

Interpretationen und sonstige Sekundärliteratur[21]

Blöcker, Günter: Heinrich von Kleist oder Das absolute Ich. Fischer Taschenbuch Verlag, Frankfurt a. M. 1977.

Delbrück, Hansgerd: Kleists Weg zur Komödie. Untersuchungen zur Stellung des ›Zerbrochnen Krugs‹ in einer Typologie des Lustspiels. (Phil. Diss.) Max Niemeyer Verlag, Tübingen 1974.

Fischer, Ernst: Heinrich von Kleist. In: Sinn und Form 13/1961. Wiederabdruck in: Heinrich von Kleist. Aufsätze und Essays. Hrsg. von Walter Müller-Seidel. Wissenschaftliche Buchgesellschaft, Darmstadt ²1973, S. 459–552.

Frey, Emmy: ›Der zerbrochne Krug‹ im Unterricht. In: Der Deutschunterricht 4/1952, H. 1, S. 90–104.

(21) Nicht mehr genannt sind Titel, die bereits bei den Quellennachweisen zitiert wurden.